北欧の巨匠に学ぶデザイン

アスプルンド／アールト／ヤコブセン
Learning from the masters of Scandinavian design

ASPLUND
AALTO
JACOBSEN

鈴木敏彦＋杉原有紀
Toshihiko Suzuki + Yuki Sugihara

彰国社

［ブックデザイン］榮元正博

読者へ

本書は、既刊の『北欧の巨匠に学ぶ図法 家具・インテリア・建築のデザイン基礎』の続編である。先編では、トータルデザインで名高いデンマークのアルネ・ヤコブセンを指南役に、プロダクト、インテリア、建築を横断する表現技法を学んだ。本編では、アルネ・ヤコブセンに加え、スウェーデンからグンナール・アスプルンド、フィンランドからアルヴァ・アールトを迎え、北欧の3つの国の3人の巨匠に北欧デザインの神髄を学ぶ。アスプルンドは北欧近代建築の父である。アールトとヤコブセンにとっては憧れの存在だった。アールトは頻繁にアスプルンドに面会し、デザイン談義に花を咲かせた。ヤコブセンはアスプルンドのデザインをリスペクトした。3人は相互に影響し合いながら北欧モダンデザインの潮流をつくった。

本書では、最初に3人の相関関係を時系列の絵巻で解説し、次に3人の代表作を選び、自然観を比較しながら解説した。アスプルンドの作品では「森の墓地」と「夏の家」。ヤコブセンの作品では「デンマーク国立銀行」を選んだ。次の章では3人のデザインエッセンスを9項目ずつにまとめた。アスプルンドの考えたランドスケープデザインや、アールトが統合した建築とインテリア、ヤコブセンが読み解いたプロダクトデザインの奥義を実感してほしい。コラムでは北欧の巨匠が手がけた建築の宿泊方法を案内した。アスプルンドの「夏の家」、アールトの「セイナッツァロの役場」、そしてヤコブセンの「SAS606号室」は、どれも予約すれば実際に宿泊することが出来る。最後に、スウェーデン、フィンランド、デンマークの建築マップと建築ツアーガイドをお楽しみいただきたい。これは筆者が1ヵ月をかけて走破した3000キロの取材記録でもある。

読者諸君が北欧の巨匠からバトンを受け取り、21世紀の時代をデザインする一助になれば幸いである。

CONTENTS

0 はじめに／北欧の3人の巨匠について

0-1 北欧の巨匠に学ぶトータルデザインとは 008

0-2 北欧3国の3人の巨匠の相関絵巻 010

0-3 3人の建築家の自然観
- 0-3-1 グンナール・アスプルンド／自然に寄り添う建築［森の墓地、夏の家］016
- 0-3-2 アルヴァ・アールト／自然に向き合う建築［セイナッツァロの役場、実験住宅］026
- 0-3-3 アルネ・ヤコブセン／自然を取り込む建築［デンマーク国立銀行］034

1 グンナール・アスプルンド

1-1 アスプルンドから学ぶトータルデザイン 040

1-2 人を導くアプローチ 042

1-3 内と外の境界をデザインせよ 044

1-4 緑の壁と石の床 046

1-5 物語る細部 048

1-6 行為を誘発するかたち 050

1-7 小さな傾きが豊かさを生み出す 052

1-8 家具・プロダクトがインテリア空間の質を決定する 054

1-9 動く仕組みが生活を支える 056

Column 01　アスプルンドの夏の家宿泊案内 058

2 アルヴァ・アールト

2-1 アールトから学ぶトータルデザイン 064

2-2 手に触れる部分へのこだわり 066

2-3 必要最低限という美学 068

- 2-4 貫入するトップライト 070
- 2-5 建築の機能を併せもつ家具 072
- 2-6 暖房のデザイン 074
- 2-7 音と光のデザイン 076
- 2-8 病室のトータルデザイン 078
- 2-9 素材とかたち 080

Column 02 アールトのセイナッツァロの役場宿泊案内 082

3 アルネ・ヤコブセン

- 3-1 ヤコブセンから学ぶトータルデザイン 088
- 3-2 動く仕組みで解決する 090
- 3-3 宙に浮く階段の秘密 092
- 3-4 トータルパッケージとしての建築 094
- 3-5 環境のトータルデザイン 096
- 3-6 リデザインというデザイン 098
- 3-7 製品として生き続けるプロダクツ 100
- 3-8 オルタナティブを出し尽くせ 102
- 3-9 建築の機能を併せもつ家具 104

Column 03 ヤコブセンのSAS606号室宿泊案内 106

4 おわりに／3人の巨匠の作品を巡る旅

- 4-1 北欧3国を巡る旅 112
- 4-2 グンナール・アスプルンド／スウェーデン 114
- 4-3 アルヴァ・アールト／フィンランド 116
- 4-4 アルネ・ヤコブセン／デンマーク 120

本書に掲載した作品リスト 122
参考文献と写真と図版のクレジット 123
あとがき 124
著者プロフィール 125

0 ─ prologue

はじめに／北欧の3人の巨匠について

0-1 北欧の巨匠に学ぶトータルデザインとは

一般にアイスランドとノルウェーを含む5カ国を北欧と呼ぶが、本書ではスウェーデン、デンマーク、フィンランドの3カ国を扱う。近代建築の黎明期、偉大な建築家が誕生した。1885年、スウェーデンにグンナール・アスプルンド、その13年後の1898年、フィンランドにアルヴァ・アールト、さらに4年後の1902年、デンマークにアルネ・ヤコブセンが生を受けた。3人の建築家は頻繁に交流し、相互に影響を及ぼし合いながら北欧モダンデザインを牽引した。距離的にはヨーロッパの中心から離れているため、世界の近代化に対して北欧独自の特色を活かしながら発展した。

（1）北欧の自然・風土に根ざした建築

北欧の自然は厳しく、環境と人間がどのように対峙するかが問われる。アスプルンドは「森の火葬場」「森の礼拝堂」の設計において、ロッジアを設けて自然と建築の融合を図った。半屋外の空間は、日本の軒下の領域と同じく自然環境と建物の間に中間領域をつくり出した。

（2）北欧の生活の中心となるインテリア

北欧の国々の緯度は高く、冬場の日照時間は短い。室内でロウソクに火を灯し、長時間を過ごすことを余儀なくされる。アールトは「建築の本質は内部にある」*¹といい、妻アイノとインテリアの設計に力を注ぎ、家具のアルテック社を立ち上げた。ヤコブセンも同様にインテリアに注力した。家具や照明だけでなく、フォーク、ナイフ、食器等のテーブルウエア、布地の意匠デザインに至るまで、生活に関わるあらゆるものを手がけた。上質なインテリアはインドアの生活を快適に変えた。

（3）シンプルで長く使えるプロダクト

北欧の土地には森林資源が豊富にあった。当初、近代化にともない建築家たちは海外から材料を輸入してモダンな設計を試みていたが、戦争で輸入が困難になった。改めて自国の森林の有効利用に目を向け、アールトはフィンランドの樺材を、ヤコブセンはデンマークのブナ材を用いて椅子をデザインすることを考えた。それは当時のヨーロッパを席巻した、バウハウスのパイプ椅子のデザインとは一線を画していた。鉄よりも木、機械化よりも手工芸を重視したものづくりは、耐久性とデザイン性をほこり、現在も世界中で愛されている。

*¹ 「建築──その真の姿は、人がその中に立ったときにはじめて、理解されるものである」（武藤章『アルヴァ・アアルト』SD選書、鹿島出版会より）

アルヴァ・アールト
1898—1976年（78歳没）
フィンランド・クオルタネ生まれ。家庭ではスウェーデン語、学校ではフィンランド語を話して育つ。多言語を学ぶセンスに恵まれ、明るい性格で社交性に富み、20代の終わりからアスプルンドと友情を結ぶ。35歳のときに英語を学び始める。同年、北欧の機能主義を体現する「パイミオのサナトリウム」で一躍有名になった。曲線を描く木製家具やガラス製品のデザインで海外でも高い評価を得る。42歳でMIT教授としてアメリカに進出するが、妻の死を機に帰国、再婚。有機的な作風が強まり、教会、大学、図書館、ホール等の公共建築を晩年まで手掛けた。酒に強く、女性に優しく、金銭に無頓着な国民的英雄。マルッカ紙幣に肖像が描かれた。

グンナール・アスプルンド
1885—1940年（55歳没）
スウェーデン・ストックホルム生まれ。多様な建築様式を実践した北欧建築の先駆者で、アールトとヤコブセンに多大な影響を与えた。従来の教育には飽き足らず、25歳でレヴェレンツら友人とクララスクールを創設。35歳で息子を亡くした折りに「森の教会」で北欧中世の民族性と西洋の古典主義を融合。43歳で古典主義の傑作「ストックホルム市立図書館」、45歳で機能主義の先駆けとなる「ストックホルム博覧会」を設計。55歳の遺作「森の火葬場」では古代神殿と近代建築を融合した。締切りの数日前には作品を完成させる勤勉さと、学生の師たる高潔さ、作品のディティールに宿る繊細さが持ち味である。

フィンランド共和国
［公用語］フィンランド語、スウェーデン語
［首都］ヘルシンキ
［面積］338,420km²
［森林面積率］65.47%
［人口］5,385,000人
［人口密度］16人/km²
［独立］1917年

スウェーデン王国
［公用語］スウェーデン語
［首都］ストックホルム
［面積］450,300km²
［森林面積率］62.63%
［人口］9,441,000人
［人口密度］21人/km²
［独立］1523年

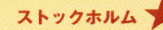

アルネ・ヤコブセン
1902—1971年（69歳没）
デンマーク・コペンハーゲン生まれ。遊び心と行動力から小学校の授業を邪魔したり抜け出したりする子供だった。転校先でラッセン兄弟と出会い、建築家を目指す。23歳でデザインした椅子がパリ万博で金賞を受賞。27歳でラッセンの弟と共作した「未来の家」で一躍ブレイクした。そこで予見した機能的で新しいライフスタイルを、住宅、家具、プロダクトを通じ実現した。酒は飲まず、人とも付き合わず、所員に横暴だと言われても猛烈な仕事量をこなした。庭いじりと甘いものと絵を描くことを好んだ。ユダヤ系のため一時期スウェーデンに亡命したが、終戦後はデンマークに戻りモダニズムを牽引した。

デンマーク
［公用語］デンマーク語
［首都］コペンハーゲン
［面積］43,090km²
［森林面積率］12.67%
［人口］5,973,000人
［人口密度］129人/km²
［独立］8世紀

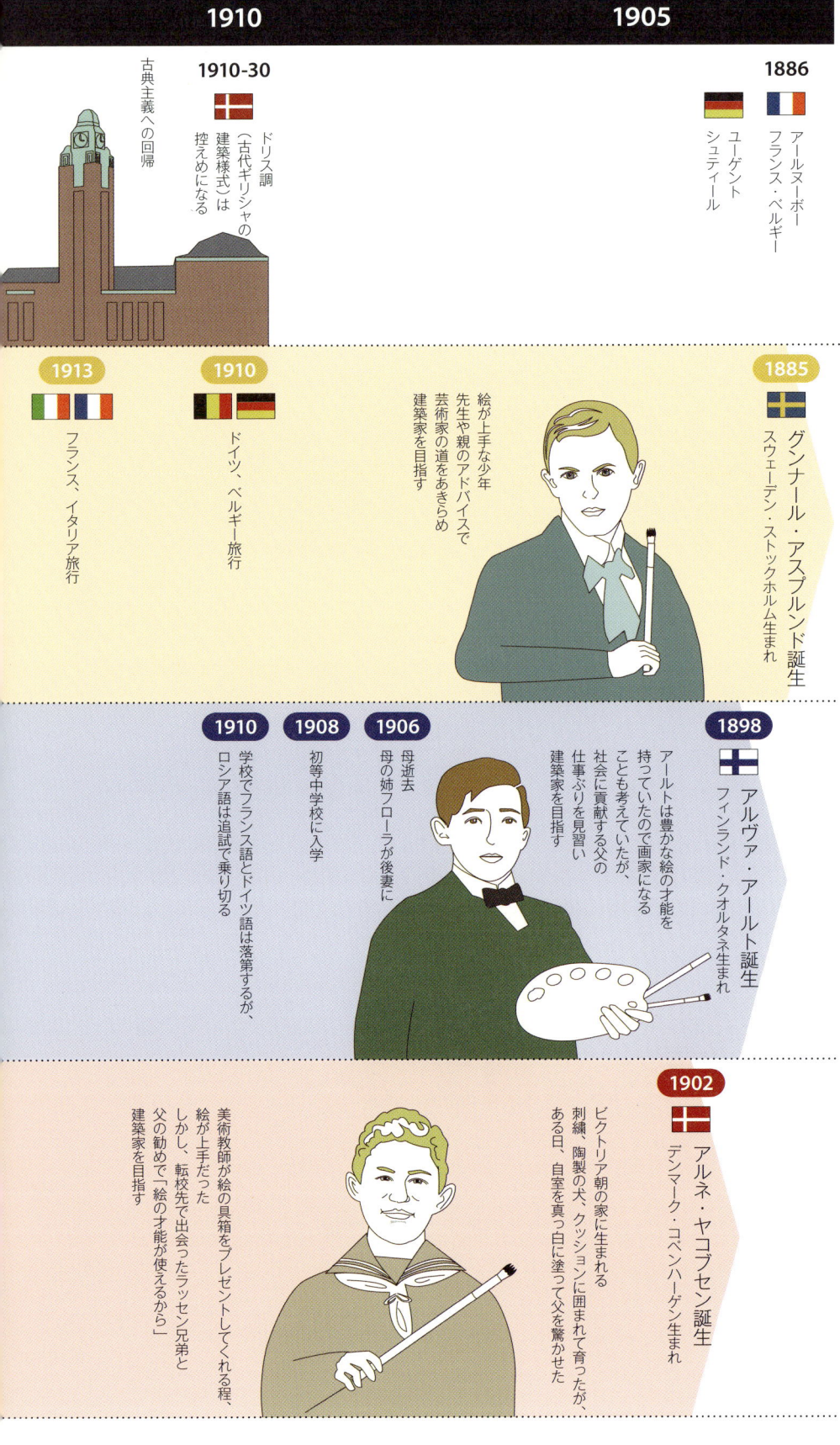

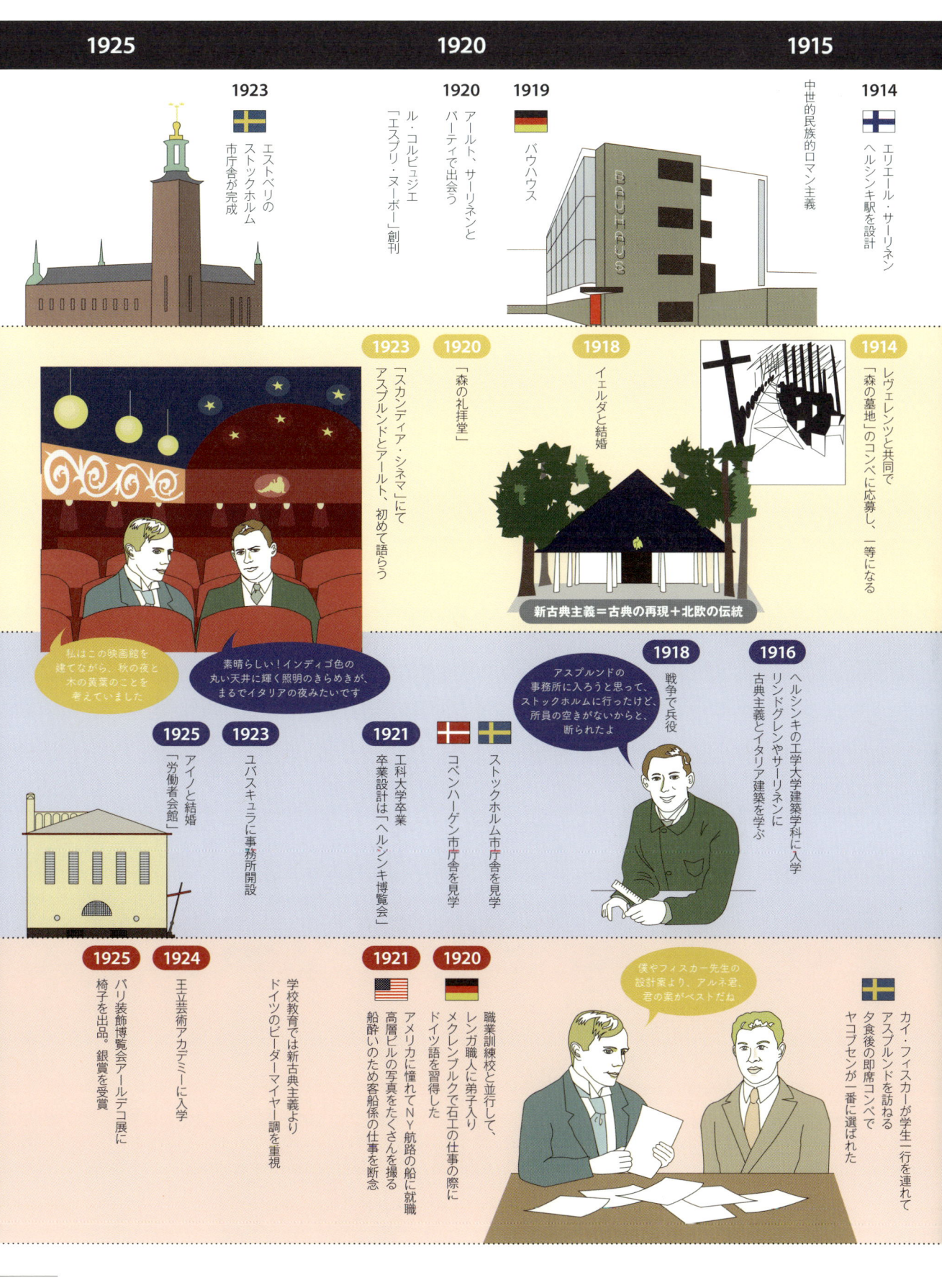

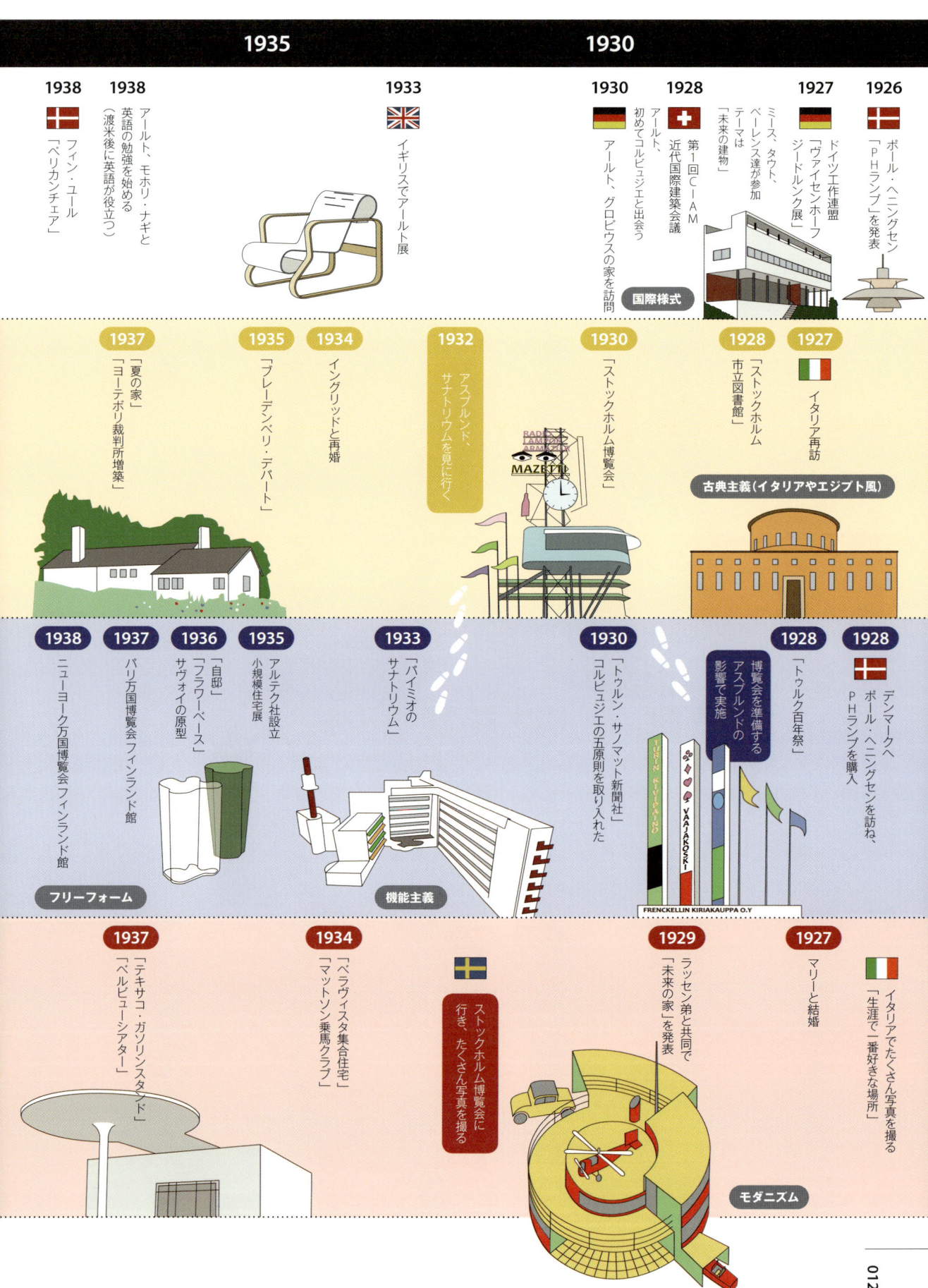

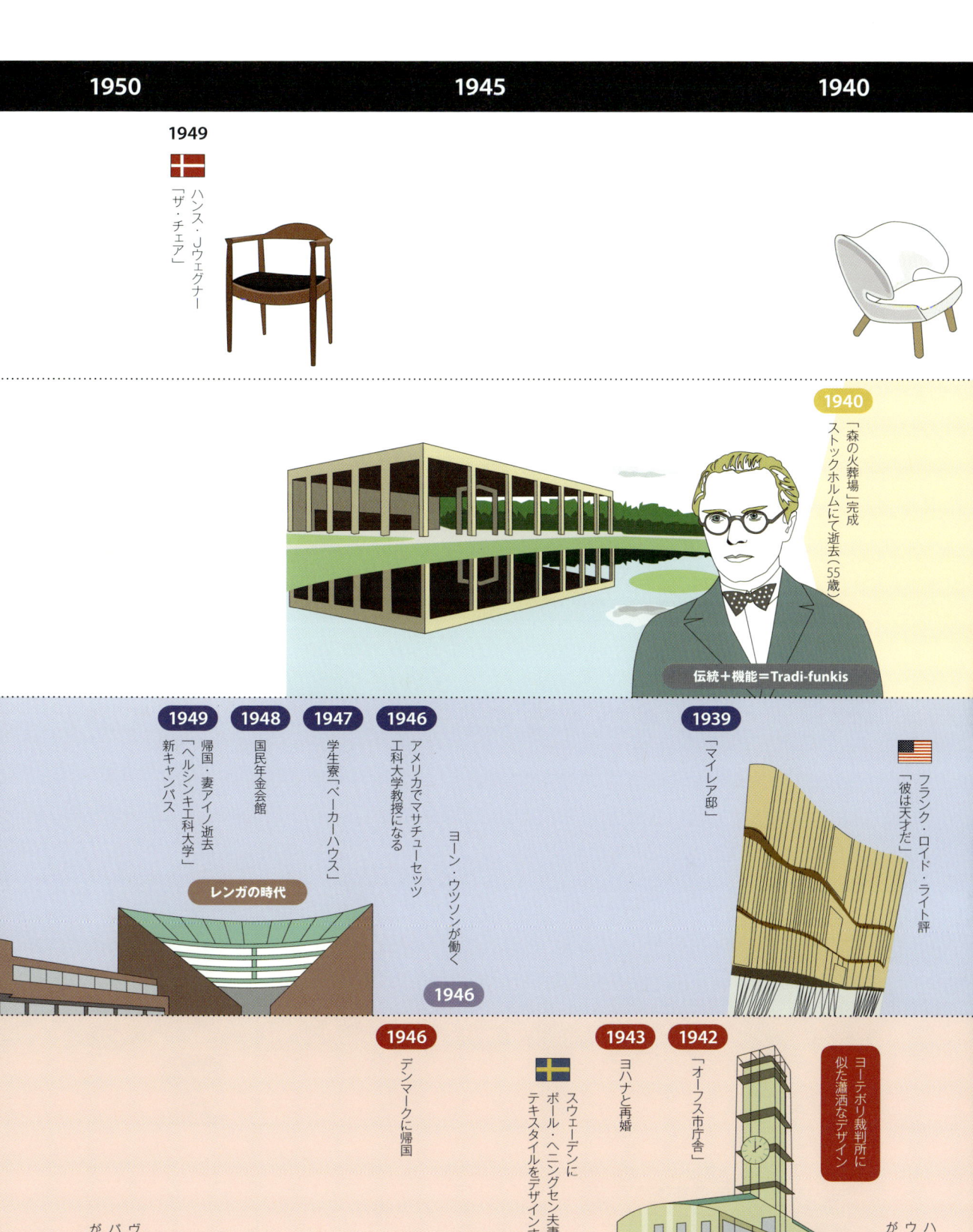

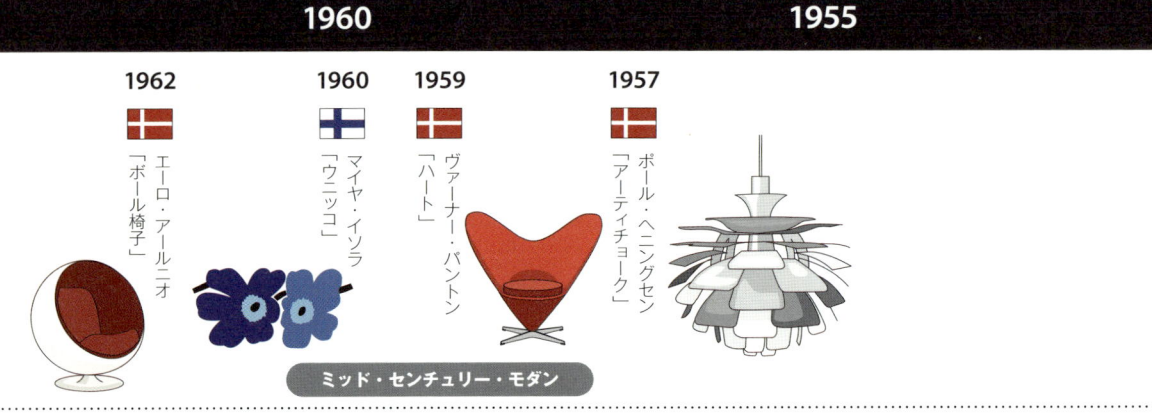

1960				1955
1962 🇩🇰 エーロ・アールニオ「ボール椅子」	1960 🇫🇮 マイヤ・イソラ「ウニッコ」	1959 🇩🇰 ヴァーナー・パントン「ハート」	1957 🇩🇰 ポール・ヘニングセン「アーティチョーク」	

ミッド・センチュリー・モダン

1962	1959	1958	1957	1956	1955	1953	1952
「エンソ・グートツァイト社」	🇫🇷 フランス「カレ邸」	🇩🇪 ドイツ・ブレーメンの高層アパート	「ユバスキュラ教育大学」	「スタジオ」「フィンランド国民年金協会」	「ラウタタロ（鉄鋼会館）」「クルトゥーリタロ〈文化の家〉」	「実験住宅」	エリサと再婚「セイナッツァロの役場」

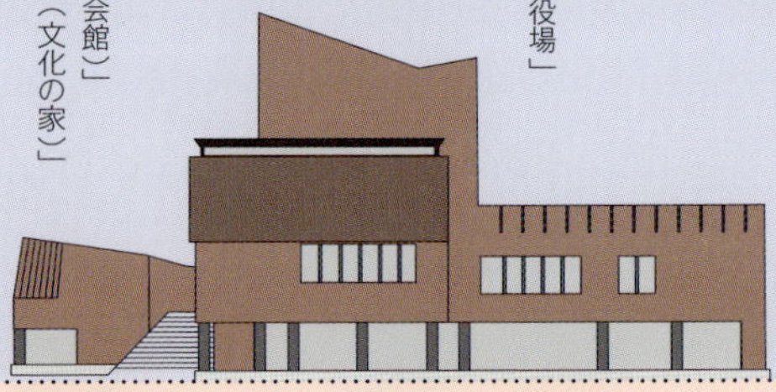

1960	1958	1957	1956	1955		1952
「SASロイヤルホテル」	「エッグチェア」「スワンチェア」	「A-Jライト」「カトラリー」	王立アカデミーの教授になる	「セブンチェア」		「アントチェア」 ヘニング・ラーセンが働く

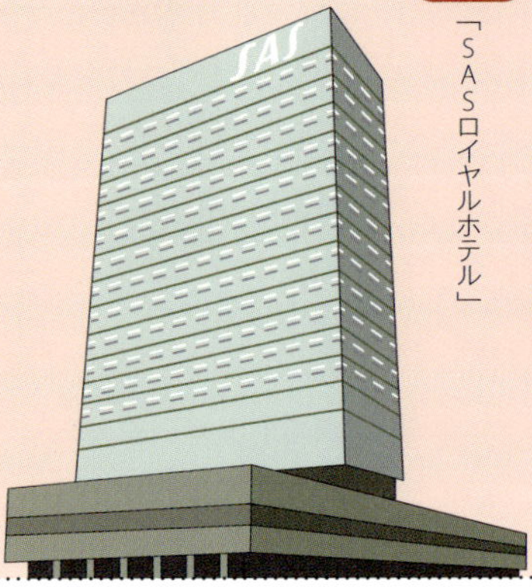

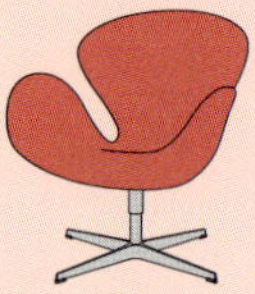

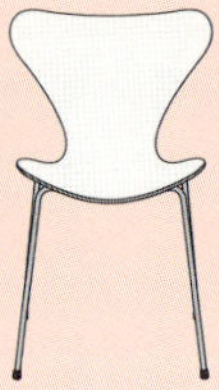

1953　1952
1952

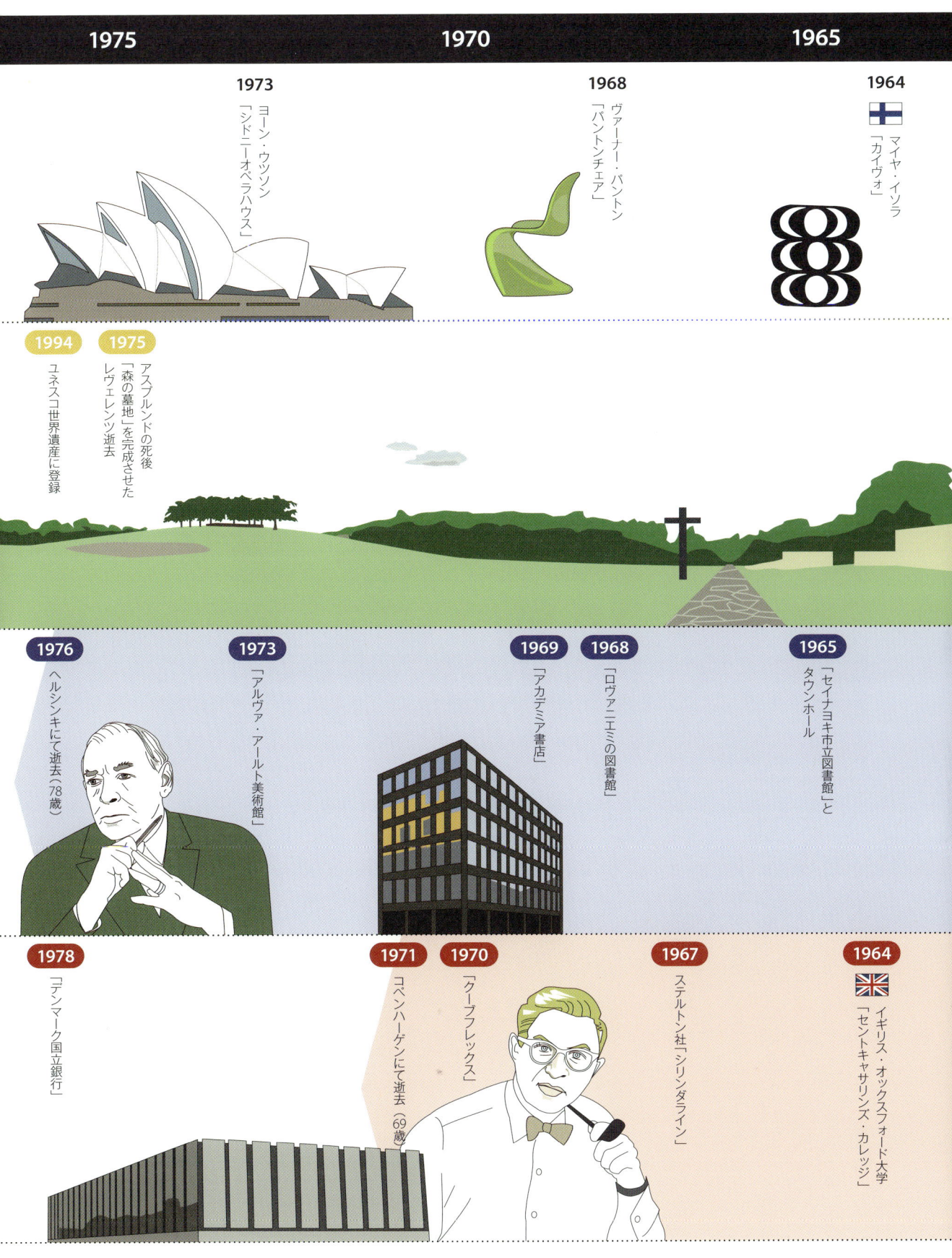

0-3 3人の建築家の自然観

グンナール・アスプルンド
自然に寄り添う建築

「森の墓地」(1940)

建築と一体化する自然

3人の建築家は三者三様の自然観を抱いていた。国土に森林が占める割合を比較してみよう。2011年度の統計によると、フィンランドは65%、スウェーデンは62%であり、国土の3分の2を森林が占める。森林面積率66%の日本の自然環境と近い。一方、デンマークは12%と極端に少ない。

アスプルンドらスウェーデン人にとって、森とはすべての源であった。1912年に行われた「森の墓地」(スコーグスシュルコゴーデン)の設計コンペは、手狭になったストックホルム南部の墓地を、松と砂利で覆われた96万m²の隣接する敷地と合わせて新たな墓地に拡充するものだった。ラグナル・エストベリら審査員は、1907年にドイツに完成した「森の墓地」(ヴァルトフリートホーフ)を参考に、既存のランドスケープを尊重することを求めた。樹木が成長して墓石の上に生い茂ると森と墓地が一体化して、ミュンヘン市民の安らぎの公園となったのである。アスプルンドはレヴェレンツと共同で、敷地内に細い歩道を散りばめたプランを制作し、1等を勝ち取った。アスプルンドが手掛けた「森の礼拝堂」(1920)と「森の火葬場」(1940)にはいわば軒下空間のロッジアが

アルネ・ヤコブセン
自然を取り込む建築

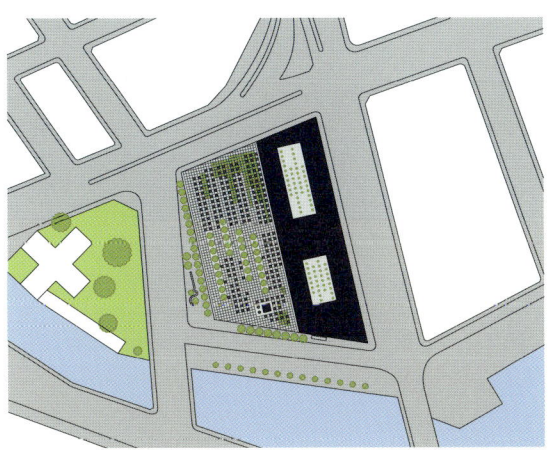

「デンマーク国立銀行」(1978)

ガラスケースの中に取り込まれた自然

アルヴァ・アールト
自然に向き合う建築

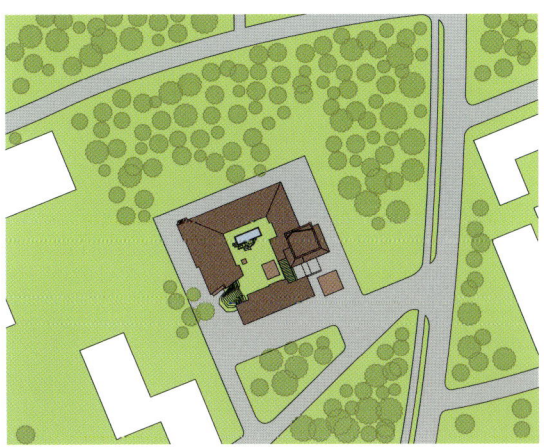

「セイナッツァロの役場」(1952)

中庭／建築で囲まれた自然

ある。外、半屋外、内というヒエラルキーを構築して自然との折り合いをつけた。

フィンランドは森と湖の国と呼ばれている。地方で車を走らせると道の両側に森と湖が交互に現れては消える。草原には赤く塗装した民家がまばらに見えるが、人影は少ない。雄大な自然の前では人間はちっぽけな存在に過ぎない。この自然観はフィンランドの叙事詩カレワラや、トーベ・ヤンソンのムーミンにも現れている。アールトは野生の自然をそのまま受け入れるのではなく、きっちり壁を建ててその内部に理想の自然を再構成しようと試みた。「セイナッツァロの村役場」(1952)では、本来の地面よりも4m高い位置に土を盛り上げて中庭を設け、小さな理想郷を実現した。

デンマークは森林資源のみならず天然資源に乏しいが、デザインを国力の礎にすることで発展した国だ。庭いじりが好きで植物の絵を好んで描いたヤコブセンにとっては、自然もデザインの対象だった。「SASロイヤルホテル」(1960)や「デンマーク国立銀行」(1978)では、植物を閉じ込めたガラスのショーケースがある。園芸を通じて自然を管理する対象と見なしたのだ。

最後に特筆すべきは3人の巨匠は皆、日本文化を研究していたことだ。西洋建築では自然と対峙する姿勢が主流だが、3人の巨匠は自然を受け入れる日本建築を作品の各所で参照している。

0-3-1 グンナール・アスプルンド／自然に寄り添う建築

0 | prologue

森の墓地 [1940]

1914年、ストックホルムでは人口増加により墓地の拡充が必要となった。既存の墓地と隣接する75ヘクタールの敷地を対象に国際設計コンペが行われ、アスプルンドとシーグルド・レヴェレンツの共同設計案が1等に選ばれた。以来、2人はその生涯をかけて森の墓地と向き合った。1920年、「森の礼拝堂」を建てた年にアスプルンドは息子ウッレを亡くし、1940年に「森の火葬場」が完成した後、急逝する。レヴェレンツは1935年からプロジェクトを降りていたが呼び戻され、自身が人生に幕を降ろす1975年まで、残りの墓地の設計を手掛けた。1994年、森の墓地はユネスコの世界遺産に登録された。

礼拝堂と火葬場に向かう道の傍らに立つ巨大な十字架は、コンペ応募時の提案にすでに現れていたもので、ランドスケープのアイコンとして荘厳な印象を刻む。一方、アスプルンドの設計には細部まで細やかな配慮と死生観が反映されており、優しさが感じられる。この墓地を訪ねる誰もが、生死に対峙する人間として、スウェーデンの森の豊かさを実感するだろう。

大礼拝堂入口のハンドル

大礼拝堂内部。中央に火葬場へ電動で降下する棺台

墓地のメインエントランス方向を臨む。右手に段状の墓地、左手に瞑想の丘

大礼拝堂前のロッジア。中央の開口部から光が差し込む

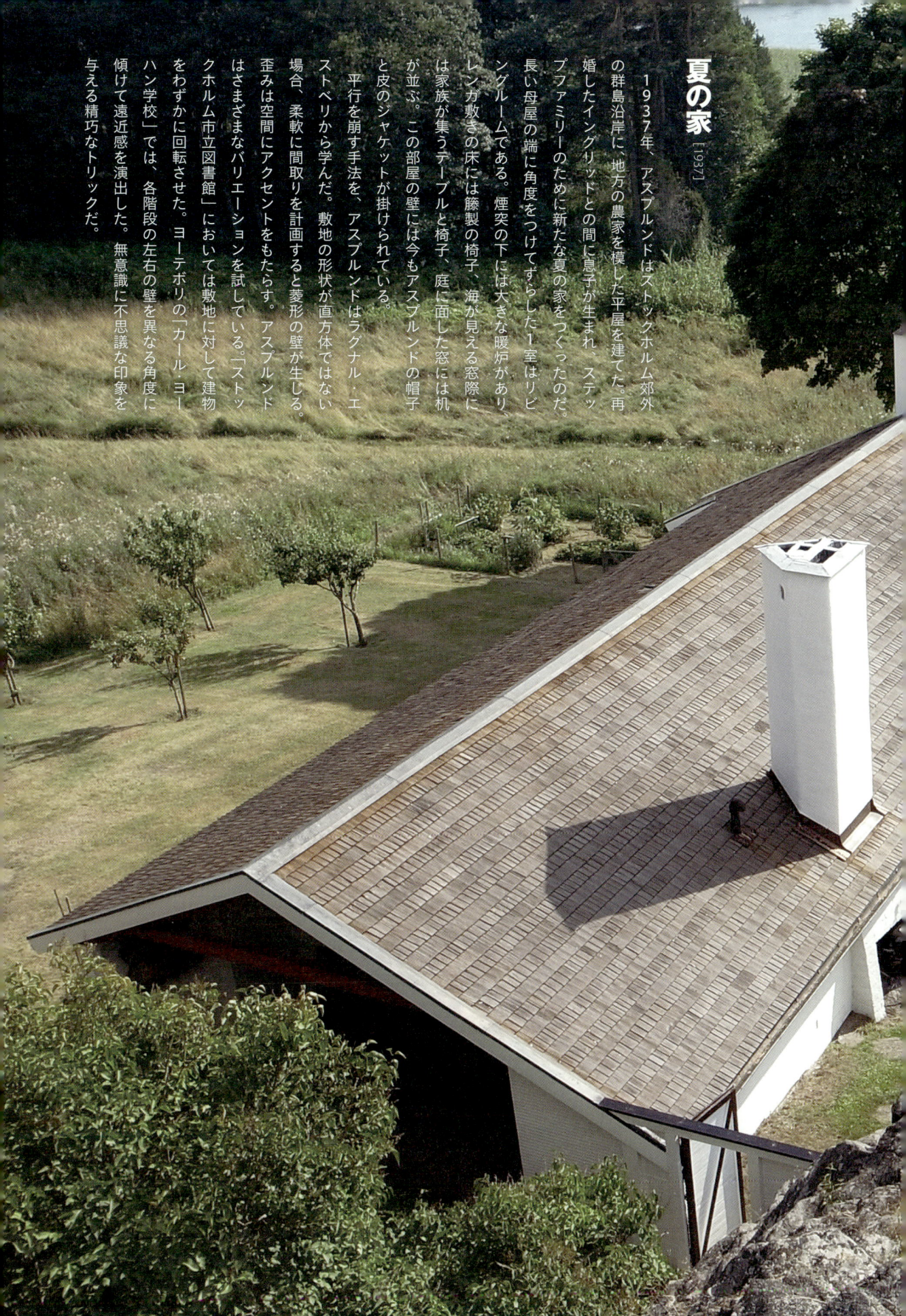

夏の家 [1937]

1937年、アスプルンドはストックホルム郊外の群島沿岸に、地方の農家を模した平屋を建てた。再婚したイングリッドとの間に息子が生まれ、ステップファミリーのために新たな夏の家をつくったのだ。

長い母屋の端に角度をつけてずらした1室はリビングルームである。煙突の下には大きな暖炉があり、レンガ敷きの床には籐製の椅子、海が見える窓際には家族が集うテーブルと椅子、庭に面した窓には机が並ぶ。この部屋の壁には今もアスプルンドの帽子と皮のジャケットが掛けられている。

平行を崩す手法を、アスプルンドはラグナル・エストベリから学んだ。敷地の形状が直方体ではない場合、柔軟に間取りを計画すると菱形の壁が生じる。歪みは空間にアクセントをもたらす。アスプルンドはさまざまなバリエーションを試している。「ストックホルム市立図書館」においては敷地に対して建物をわずかに回転させた。ヨーテボリの「カール・ヨーハン学校」では、各階段の左右の壁を異なる角度に傾けて遠近感を演出した。無意識に不思議な印象を与える精巧なトリックだ。

飛び石のあるアプローチ

入り江を臨むリビングルーム

玄関脇のウッドテラス

桟橋からボートハウス、ゲストハウス、夏の家を臨む

0-3-2 アルヴァ・アアルト／自然に向き合う建築

セイナッツァロの役場 [1952]

1952年に完成したこの建物は、セイナッツァロ島の真珠との呼び声が高い。自治体が開催した招待コンペでアールトが勝ったのは、地形に対する建物の配置、素材の使い方、空間の構成とコストの点で優れた解答を示したからだった。また、高さ17mの高層部に議場を設置して議会の尊厳とモニュメント性を表現したことも高評価につながった。「なぜ17mもの高さを実現する必要があるのか」という質問に対し、アールトは「イタリアのシエナの建物は16mだったから」と答えた。イタリア好きのアールトは、あくまでもセイナッツァロにミニチュアの理想都市を実現しようと考えた。初期のスケッチでは大きな階段のある山岳都市をイメージしている。赤くごつごつしたレンガの壁は、通常なら検食ではねられる不揃いなものを、あえて積み重ねた結果できたものだ。フラクタルとは細部の質感が全体の質感と相似であることを指すが、アールはレンガの使用によってフィンランド人の共感を得ることに成功した。無骨だが暖かさと親しみやすさを感じさせる。

中庭から流れ落ちてくるような芝生の階段

玄関前のパーゴラ下から中庭を臨む

中庭の一部に矩形のレンガ敷

中庭を囲う回廊

実験住宅 [1953]

セイナッツァロ島からパイヤネン湖をはさんで隣接するムーラッツァロ島に、1953年、アールトは夏の家を建てた。自ら設計したボートを妻のエリッサに運転してもらってユバスキュラから通った。実験住宅を意味するコエ・タロという名の通り、素材や形態に関する実験を盛り込んでいる。家の基礎に地形や岩を利用し、床や壁にはレンガや陶器で50パターンの模様を構成した。素材の耐性だけでなく、植物がからまる様子や苔の生成を観察することも目的としていた。家の周囲に四角い壁をつくり、中庭の中央にはファイヤープレイスを設けた。壁の外側だけ白く塗り、外部と内部を明確に区分けしたあたりに、周辺環境のワイルドな自然に対してコントロール可能な空間をつくり出そうとした意図が伺える。壁や屋根には太陽光パネルをつけて熱実験を行う構想もあった。さまざまな素材のパッチワークは、多様性の調和を感じさせる。カギの手状の住居の中には、リビングルーム、キッチン、ベッドルームを設けた。リビングの天井からアトリエの床を吊っているつくりも実験的だ。

湖側から中庭と玄関を臨む

中2階にアールトのアトリエ

中庭から湖を臨む

中庭の中央にはファイヤープレイス

0-3-3 アルネ・ヤコブセン 自然を取り込む建築

0 | prologue

デンマーク国立銀行は、ヤコブセンの最後の作品となった。1961年の指名コンペで勝利。銀行業務が滞らない段階的な建設プログラムと都市景観上の配慮が評価された。第1段階として北側の中庭をもつ中層ブロックを1971年に完成させてヤコブセンは天寿を全うした。彼の死後、ディシング＋ヴァイトリング建築事務所がアルネ・ヤコブセン建築事務所を引き継ぎ、第2段階として南側の中層部、そして第3段階として低層部を手がけ、1978年に完成した。

デンマーク国立銀行 ［1978］

ヤコブセンはデンマーク国立銀行の指名コンペに勝つが1978年の完成を見ずして1971年に亡くなった。しかしこの巨大な遺作にはヤコブセンの自然観が散りばめられている。建築は、道路からは緑に包まれた無機的な要塞に見えるが、その内部には緑があふれていることを誰が想像できるだろうか。銀行窓口のホールや、従業員用ラウンジには植物の鉢を吊り下げたガラスケースが並ぶ。銀行という堅いイメージの場所の中でも伸びやかな緑が潤いと彩りを添える風景に驚かされる。未来の家のプランは1929年にすでに構想していた。テラスの入口左右のガラスケースに割り当てた植物という文字が残っている。

国立銀行の奥には2つの空中庭園が存在する。池や石、ガラスの間に砂利を敷き、抑制された美学にもとづき緑を配した様子は日本庭園そのものだ。ヤコブセンには1950年のスーホルムの低層住宅で庭に竹を植え、成長の速さから剪定に苦労した経験があった。現在、国立銀行では2人の園丁が緑の手入れを続けている。

印刷局のある西側低層部の屋上庭園

中層部の中庭。炭を半分に割ったような形状のコンクリート製のベースに植栽が施された

最上階の従業員用ラウンジには植栽のガラスケースが6つ並ぶ

1階銀行ロビーの植栽のガラスケースには上階の中庭から自然光が落ちる

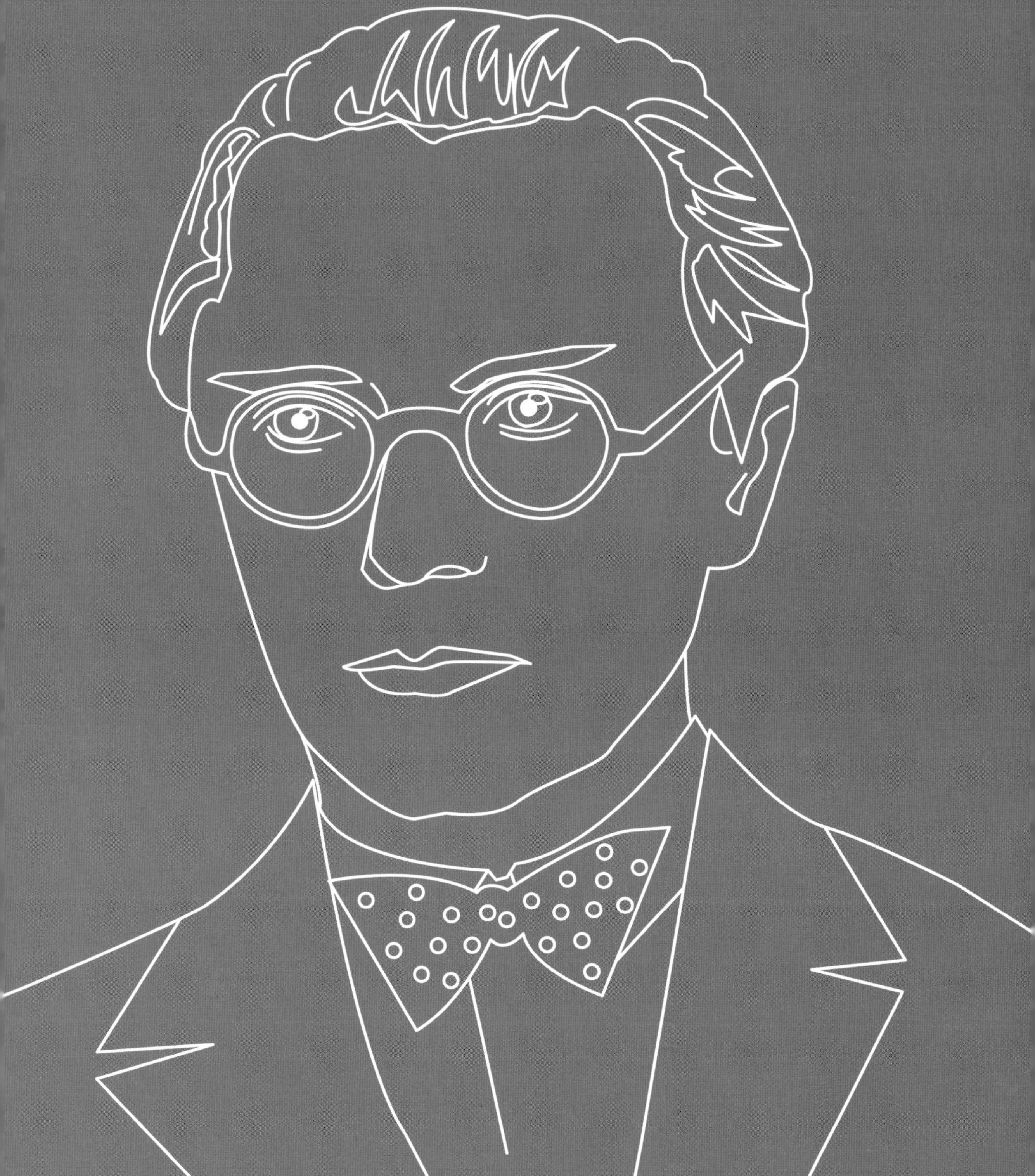

1

Gunnar Asplund

グンナール・アスプルンド

1-1 アスプルンドから学ぶトータルデザイン

1 | Gunnar Asplund

Architectural Design

建築

大礼拝堂前のロッジア
「森の火葬場」へのアプローチは自然と建物の融合を示している。瞑想の丘から続く芝生のなだらかな勾配はロッジアの石の床へと続き、さらに礼拝堂内部でわずかに傾斜して棺台まで続く。

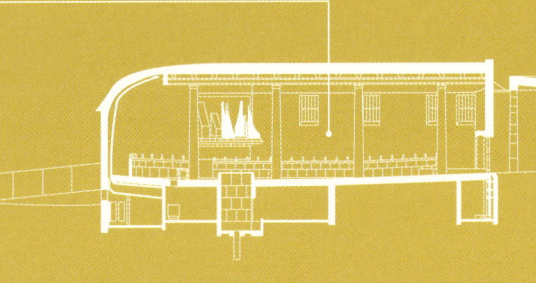

大礼拝堂断面図　S=1:600

　1914年、アスプルンドは「森の墓地」のコンペに勝ち、「森の礼拝堂」(1920)を手がけた。そして「ストックホルム市立図書館」(1928)、「ストックホルム博覧会」(1930)によって北欧の近代建築を牽引するスター的存在となった。建築だけでなく、家具や照明や手すりなど細部まで自分で設計するトータルデザインの姿勢は、後に続くアールトやヤコブセンの手本となった。建築とは単なる箱ではない。人々が生活する場である。人間の生活のすべてを対象とみなし、デザインすることこそ建築家の重要な仕事だと彼らは考えたのだ。
　アスプルンドは建築を造形として捉えるのではなく、人間の思想に影響を与える空間として考えていた。本書ではトータルデザインを「建築と都市の関係性から、建築、家具、プロダクトの領域を横断して人間の生活の場をデザインすること」と定義する。
　建築と建築の間に都市があり、家具やプロダクトの間にインテリア空間がある。人間の行為や生活を中心に考えると、必然的に建築家もプロダクトをデザインせざるを得ないし、領域横断型の取り組みが必要になる。もっとも、一般には都市の中に建築があり、

Furniture / Product Design 家具・プロダクト

Interior Design インテリア

ペンダントランプ

聖書置き付きベンチ

大きなブラケットランプ

角度の付いたベンチ

大礼拝堂の内部

礼拝堂内部では、扇形に設置したベンチと、2列4本の柱と天井の梁がつくる遠近感が見る者の視点を自然と正面中央の祭壇へ導く。そこには人の一生を四季のサイクルになぞらえ、死を船出に見立てた絵が描かれている。葬儀の後、死者の棺は電動仕掛けで速やかに地下へと降ろされる。

建築の中にインテリアや家具・プロダクトがあると考えるのが普通だろう。しかし物の大きさで対象を見ているだけでは、空間や人間のふるまいといった要素は見えないのだ。

アスプルンドは設計事務所の所員に常々にこう言っていた。「建築とは人間らしくあるべきで、建築の感情と機能は設計者の努力の結果であるべきだ」と。「森の火葬場」（1940）は、アスプルンドが最後に手がけた作品である。「森の墓地」に取り組み続けて20年、人間の死と向き合い、別れの悲しみを和らげるための工夫を細部に凝らしている。トータルデザインの集大成とも言える取り組みを順に見て行こう。

1-2 人を導くアプローチ

1 | Gunnar Asplund

ルート1

ルート2

建築家は、対象に近づくにつれて建築がどのように見えるかを常に意識している。ある場所や目的に接近することをアプローチという。アスプルンドは「森の墓地」の中に複数の道を設けた。道の多さは、それだけ環境の中にさまざまな景色が現れることを意味する。ルート1は「森の火葬場」（1940）に向かう車用の道だ。低いどっしりした石積みが弧を描いている。ルート2はメインアプローチである。入口から「森の火葬場」に向かうゆるやかな上り坂の石畳だ。傍には聖なる十字架がそびえ、この墓地でもっとも魅力的な風景をつくり出している。ルート3は火葬場や小礼拝堂の裏側に設けた道で、3カ所に休憩用のベンチを置いたアルコーブがある。ルート4は静けさが広がる木立の間の道、ルート5はルート2と交差するように墓地から瞑想の丘へと向かう石畳だ。ルート6は、ルート2と平行する墓地の中の道だ。この道は2つの小礼拝堂と大礼拝堂、火葬場のロッジアへ続く。いずれの道もとても魅力的だ。好きなルートを選べば、異なる景色にふれながら歩を進めることができる。

042

ルート3

ルート4

ルート5

ルート6

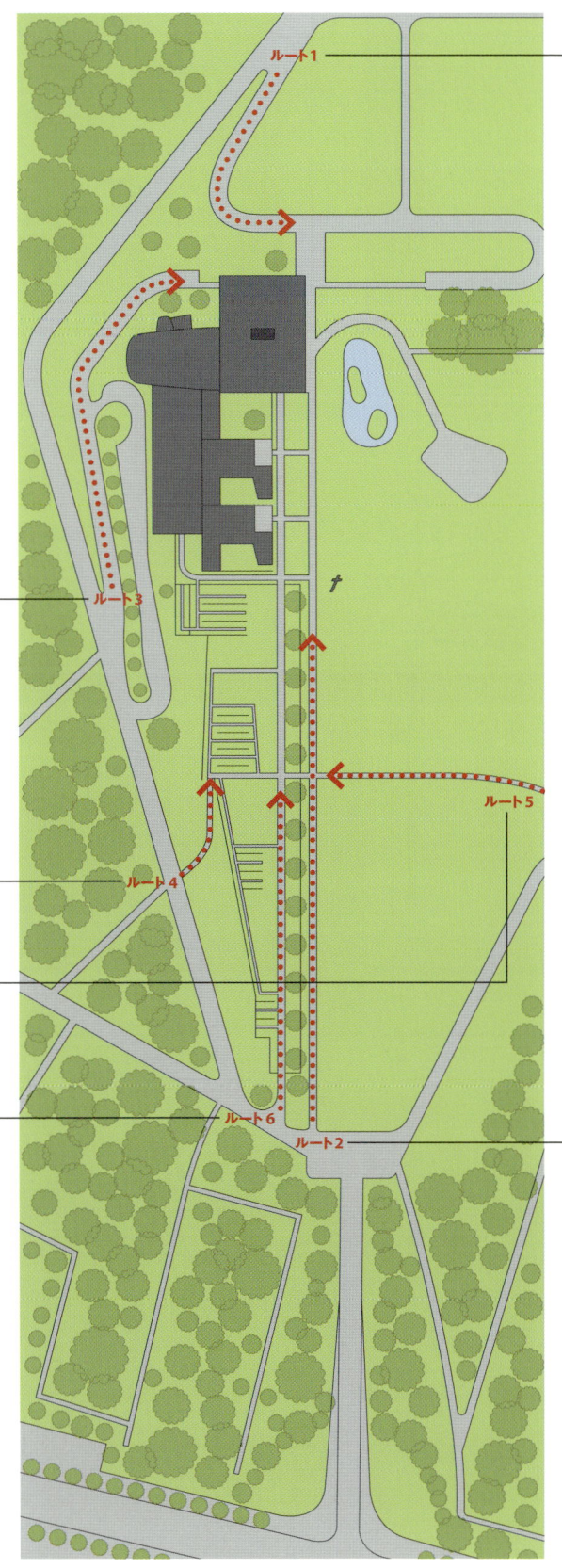

森の火葬場　配置図　S=1:2500

1-3 内と外の境界をデザインせよ

1 | Gunnar Asplund

大礼拝堂入口のガラスの格子扉

内部からガラス扉越しにロッジアを臨む

大扉 断面詳細図 S=1:75

1枚の壁が内と外を分節する。建築の原点は自然環境と建物の分け方にある。「森の火葬場」(1940)でアスプルンドは大礼拝堂の前に半屋外空間としてロッジアを配し、建物の間口をガラスの格子扉で構成している。大きな扉は内と外を分ける境界として働くが、電動式で地下に降下する仕組みを備えている。壁が消え、全面開放となった建物の内部はロッジアと完全に一体化する。アスプルンドが試みた開閉式の扉のヒントは日本建築にあった。ヨーロッパの従来の壁が不動の建築ならば、日本の柱と建具の壁による空間は可変性に満ちている。壁を必要に応じて動かせば、しつらえが変わり内部と外部がひと続きになる。ロッジアは軒下空間を、可動扉は障子を連想させる。アスプルンドは1930年のストックホルム博覧会でも似たような軒下空間を建物のひさしの下につくり上げた。1931年、アスプルンドは母校のスウェーデン王立工科大学建築学科に教授として就任した際の記念講演で「われわれの時代の建築は日本建築に近づく」と主張した。北欧の地でアスプルンドが、日本人の考える自然との一体感を評価していたことは興味深い。

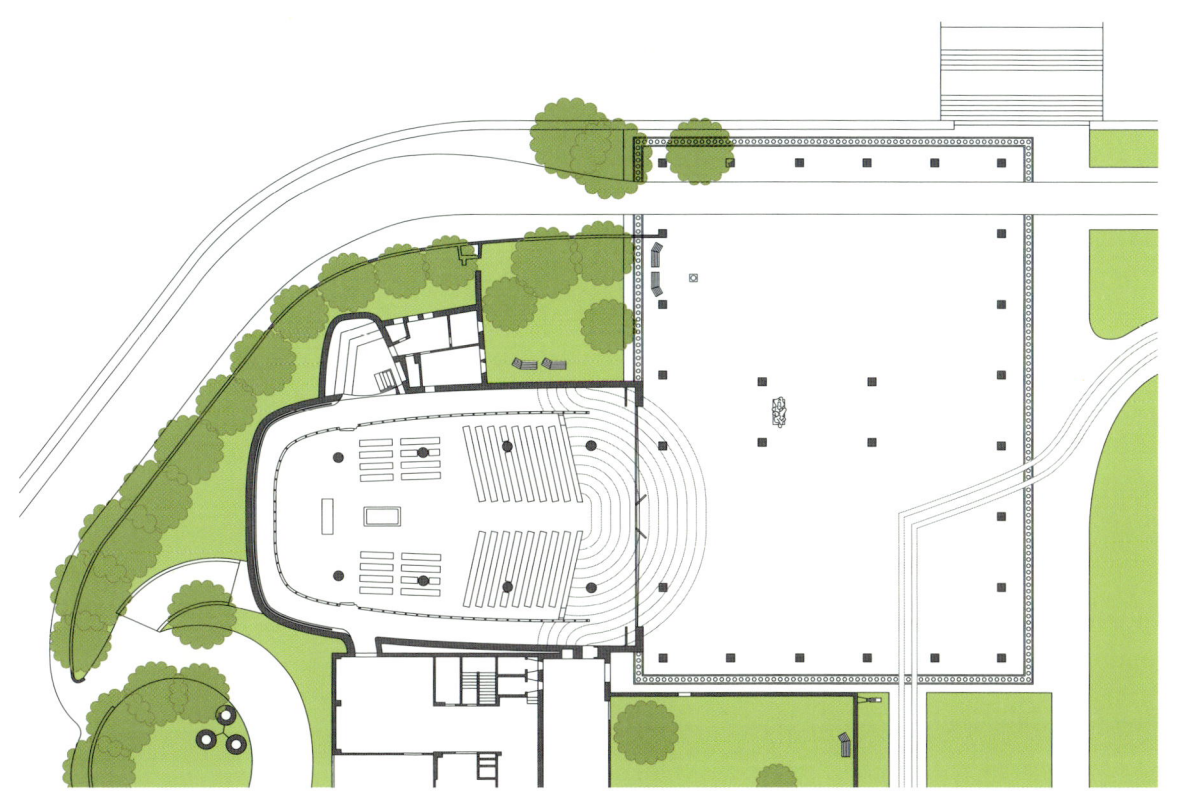

大礼拝堂　平面図　S=1:600

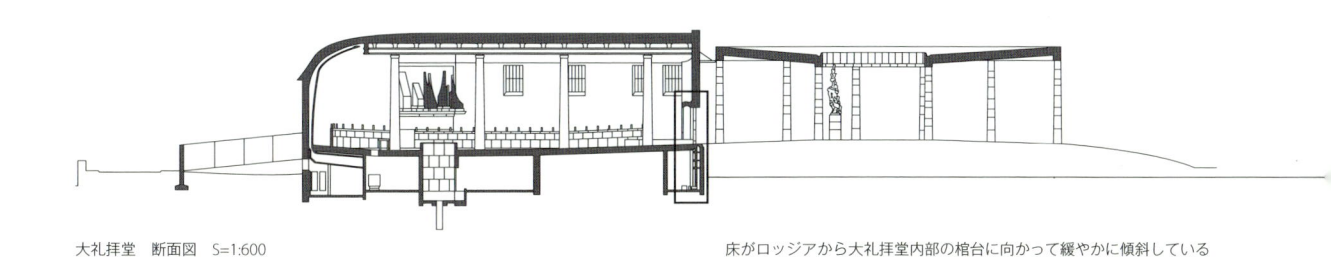

大礼拝堂　断面図　S=1:600　　　　　　　　　　　　　　　　　　　　床がロッジアから大礼拝堂内部の棺台に向かって緩やかに傾斜している

ロッジア（loggia）

元来イタリア語で、ファサードの外に一定の間隔で柱を並べて天井を乗せ、片側を解放した廊下を指す。アスプルンドは、雨はかからないが日差しをさえぎるこの半屋外空間をはじめに「森の礼拝堂」（1920）で実現し、その後の「森の火葬場」（1940）においてより大きなスケールで再現した。内外の空間をなだらかにつなぐロッジアは、遺族が集まり、言葉を交わす空間として使われている。

床の敷石は大礼拝堂の内部から外部へ広がるようにデザインされている

1-4 緑の壁と石の床

1 | Gunnar Asplund

　庭、塀、門などの建築まわりの要素を外構という。アスプルンドが「森の墓地」のランドスケープに散りばめた外構に焦点を当てる。

　敷地内の木立ちの陰にはベンチが用意されている。腰かけて故人と心の中で語らったり、休憩して歩き疲れを取ったりするのに木陰のベンチは有難い。木の根元へとカーブする石畳のラインが、人を優しく導く。

　石畳の道沿いには定期的に生垣で囲まれた場所がある。植え替え用の花の鉢をもって墓参に来た人のための水汲み場だ。栓をひねると小さなライオンの出水口から水がほとばしり、一定量の水が溜まると、水盤側面の大きなライオンの排水口から水があふれる。立ち上がった魚が出水口を飾るバージョンもある。どの水盤の水面にも小さな木片が浮かんでいた。園丁に聞くと、「ときどき水面からとけてしまう人がいるけど、小鳥が水を飲むための止り木だ」と教えてくれた。

　生垣や灌木は人を肩まで隠す高さに生い茂っている。そして、火葬場の近くの大型駐車場は背の高い樹木で密に囲ってあり、車が石畳のメインストリートから完全に隠れる仕組みだ。

生垣で仕切られた水汲み場

生垣で仕切られた墓地

2頭のライオンが付いた鋳物の水盤

人を導く石畳

大きな駐車場は間隔を詰めた並木に囲まれ、外からはまったく見えない

1-5 物語る細部

1 | Gunnar Asplund

太陽と騎馬像が天国を、髑髏と蛇が地獄を表すロートアイアンの扉　S=1:20

「神は細部に宿る」という言い方がある。

アスプルンドは若くして幼い息子を亡くした。その胸に去来したのは悲しみと喪失感、そして果てしない祈りではないだろうか。同年に完成した「森の礼拝堂」(1920)は、北欧土着のロマン主義と古典主義が混ざり合った建物である。レリーフのついた門をくぐると、周囲の樹木と同じ太さの純白の柱が黒い三角屋根を支える礼拝堂がある。屋根の上で黄金色に輝くのはカール・ミレス作のふくよかな天使だ。そして黒い鉄製の扉の鍵穴には首をかしげた髑髏のモチーフがある。目玉と鼻が鍵穴になっている。重い扉を開くと今度はロートアイアンの透かし扉がある。上半分には太陽と十字を背負う騎馬像、下半分には髑髏とからみあう蛇が描かれている。この観音開きの扉の向こうに静謐な礼拝堂の空間が広がる。自然光が満ちた白いドーム天井の真下には棺を乗せる台がある。儀式が終わると棺は地下へ下降する仕組みだ。白と黒、善と悪、地上と地下。相反する事象が私たちに生と死を問いかける。

森の礼拝堂の正門

骸骨の鍵穴

髑髏と蛇

ロートアイアンの門扉から礼拝堂内部を見る

屋根を飾る金色の天使の像

1-6 行為を誘発するかたち

1｜Gunnar Asplund

待合室のベンチ　S=1:25

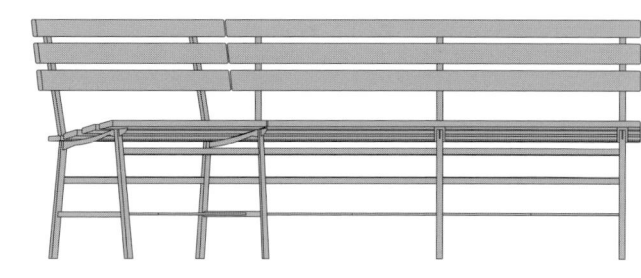

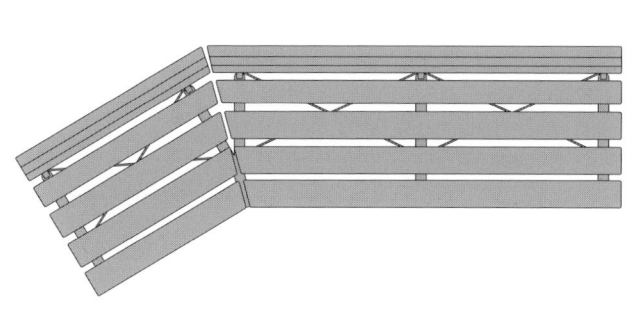

3人掛けのベンチ　S=1:25

人間はかたちが発信する意味を知覚して無意識にふるまう。これをアフォーダンスという。認知心理学やインターフェースデザインではお馴染みのキーワードである。「与える／提供する」という意味の"afford"という動詞から来ており、環境が提供する意味や価値から人間の行為が導き出されることを指す。

アスプルンドが「森の火葬場」（1940）の小礼拝堂の待合室に設計した椅子は、まるで壁が自然にめくれ上がったようなかたちをしている。どっしりと座るというよりも、軽く体重を預けるのにふさわしい。事実、この椅子を使用するのは隣の礼拝堂に移動するまでの間だけである。まったく角張っていないのは、この部屋を訪れる人の心を傷つけまいとする配慮からだろう。滑らかな曲線は、席を立つ人をするりと送り出す。

小礼拝堂の前庭にある3人掛けのベンチは、1人分だけわずかに傾いている。このベンチに座って隣の人と膝を寄せ合えば、自然と会話が生まれるだろう。この造形には、こんな微笑ましい光景を想像させる力がある。

待合室の壁が自然にめくり上がったかたちのベンチ

小礼拝堂の軒下空間にある3人掛けのベンチ

1-7 小さな傾きが豊かさを生み出す

1 | Gunnar Asplund

図書館のメインアプローチ

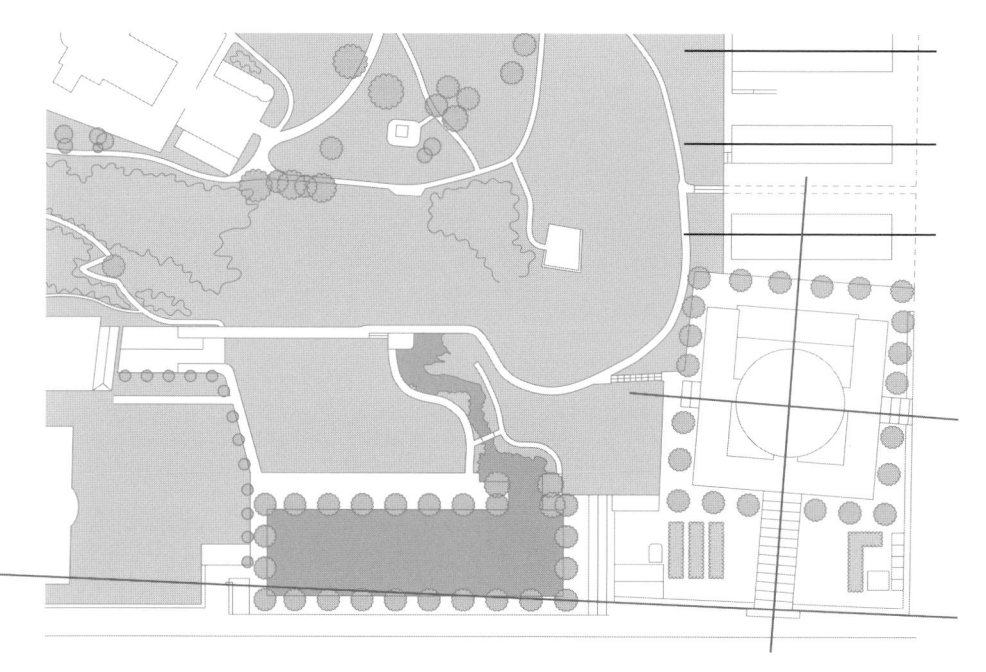

公園に向けてわずかに傾く図書館の軸線

ストックホルム市立図書館　配置図　S=1:2000

垂直と水平が保たれた格子状のグリッドを俯瞰で見たとき、もし1カ所だけ軸が傾いていたら思わずそこに注目するだろう。視覚的な不均衡は動きを感じさせるからだ。アスプルンドはこの手法を効果的に用いた。

「ストックホルム市立図書館」（1928）の設計で、アスプルンドは図書館と隣接する公園および市場の設計を担当した。このとき彼は、直交する街区の角に対して図書館のボリュームをわずかに時計回りに傾けた。こうすることで隣接する平屋建ての市場に対して並行が崩れ、視覚的な面白みが生じる。また、人々の視線と動線は隣接する公園へと向かう。

アスプルンドは「夏の家」（1937）でも軸をわずかに回転させる手法を用いた。山のように盛り上がった花崗岩から入り江に向かう方向に母屋をつくり、その先端に角度の異なる大きなリビングルームを設けた。この部屋の窓からは海が見える。アスプルンドは敷地勾配に沿った軸線を読み込んだ上で、あえて傾きのアクセントを加えたのだ。この傾きによってリビングルームは建物の中でハイライトと言える場所になっている。

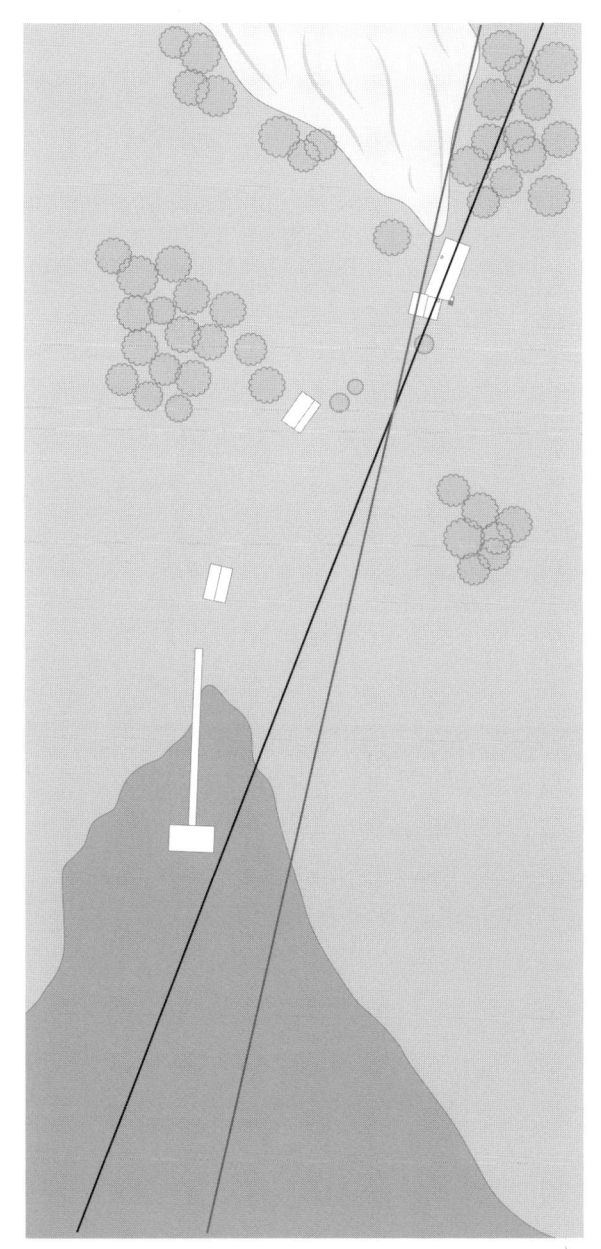

裏手の大きな花崗岩の上から入り江を臨む

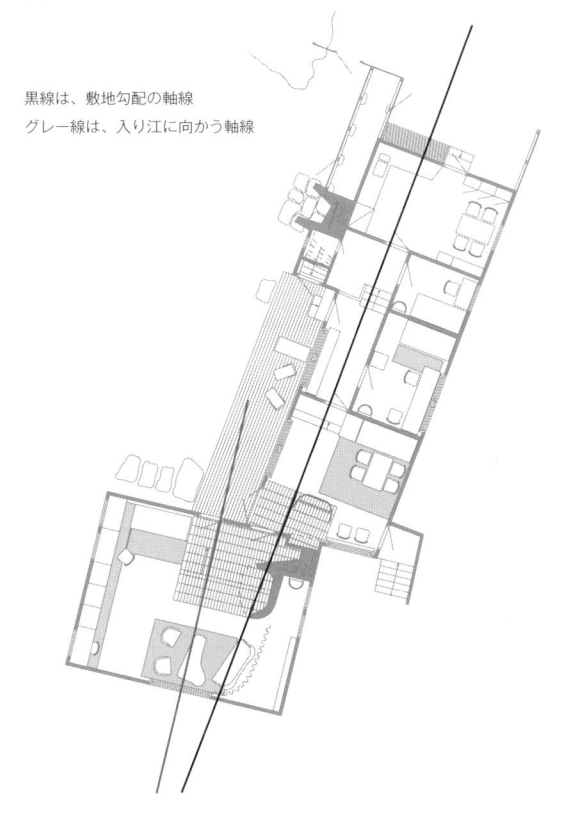

黒線は、敷地勾配の軸線
グレー線は、入り江に向かう軸線

夏の家　配置図　S=1:2000

夏の家　平面図　S=1:250

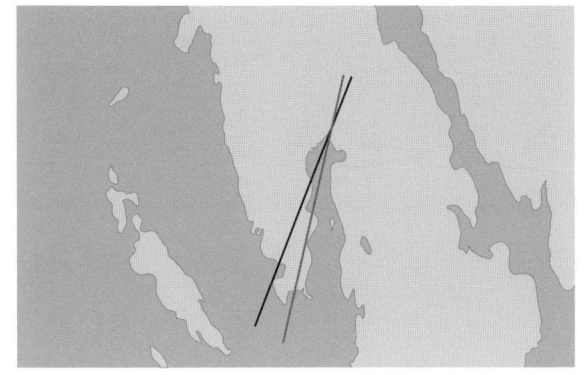

夏の家　配置図　S=1:100000

海の見える大きな窓

1-8 家具・プロダクトがインテリア空間の質を決定する

1 | Gunnar Asplund

暖炉横から書斎コーナーを臨む。玄関脇のテラスにつながる扉が開いている

暖炉の形状に呼応するような形状のソファとテーブル　S=1:50

　アスプルンドの「夏の家」（1937）では、母屋の端にリビングルームがある。くつろぎを演出する仕掛けを見ていこう。平面図を見ると、この部屋だけ母屋の軸線から傾いている。断面図を見ると敷地の勾配に沿った建物だとわかる。敷地の起伏とリビングルームの高さを解消するためにレンガ敷きの階段がある。その階段の重なりを吸い込むかのように、白くふくよかな造形の暖炉が口を開けている。これが1つ目の居心地の良い空間だ。その隣にはグランドピアノの形に似たテーブルと、左右に耳が張り出した2人掛けの椅子や1人用の椅子がある。テーブルの脚は床に向かってわずかに太くなるが、1人用の椅子の脚は先細りで「ハ」の字を描く。窓の半分の高さまで吊り下げられた照明もアスプルンドのデザインだ。暖炉や家具の柔らかな曲線と、茶色と白のコンビネーションが、ユーモラスかつ暖かな印象を醸し出す。海の見える窓の傍が2つ目の空間だ。暖炉の向かいには書斎コーナーがある。これが3つ目の空間だ。庭をのぞむ窓の下に棚とデスク、壁沿いにベッドが並ぶ。

玄関の高さから4段下がってリビングに下りる。リビングの傾きと段差を暖炉のかたちがうまく収めている
暖炉の裏側に洗面所が隠れている

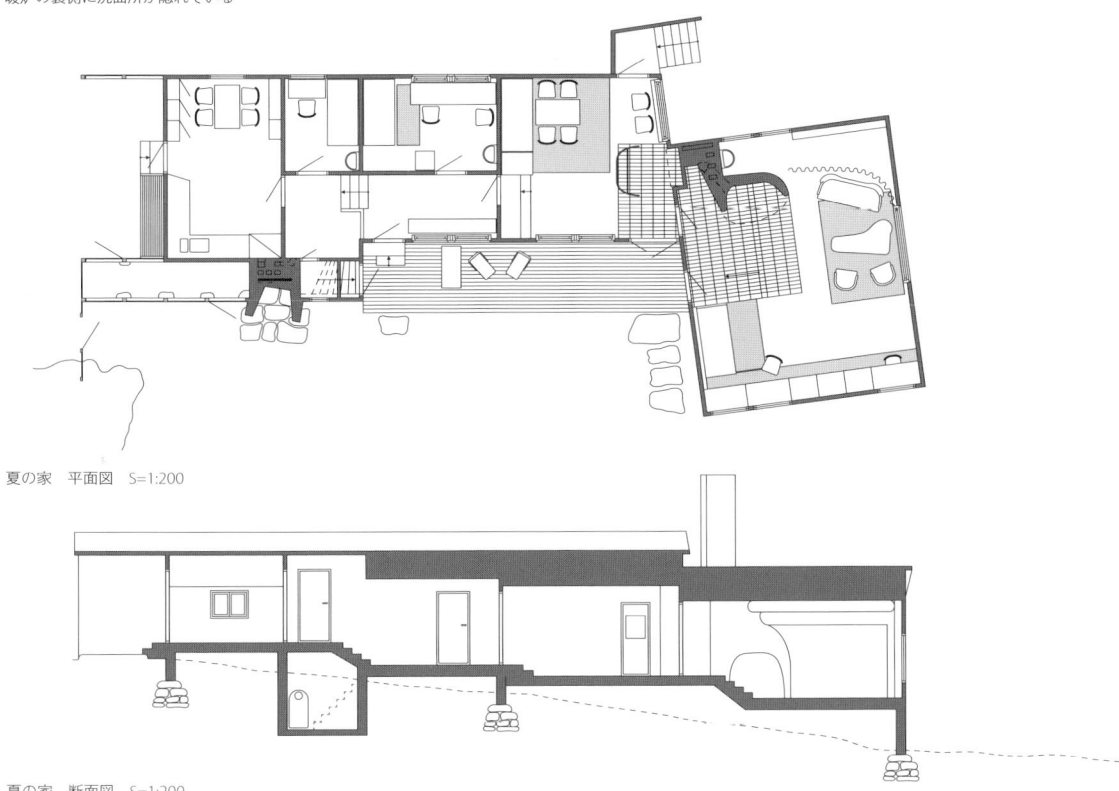

夏の家　平面図　S=1:200

夏の家　断面図　S=1:200

1-9 動く仕組みが生活を支える

1 | Gunnar Asplund

リビングのデスク

天板を持ち上げると収納スペースがある

ダイニングのテーブル

テーブルの横に引き出しがある

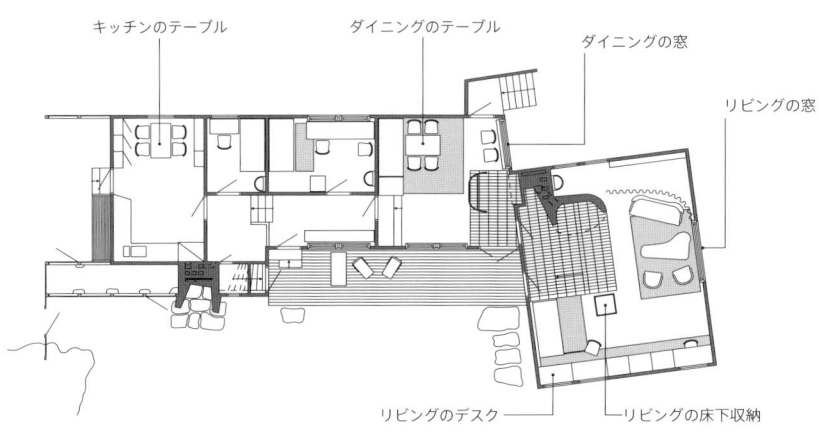

夏の家　平面図　S=1:250

キッチンのテーブル
ダイニングのテーブル
ダイニングの窓
リビングの窓
リビングのデスク
リビングの床下収納

　アスプルンドの「夏の家」（1937）にはさまざまな仕掛けが隠されている。ダイニングのテーブルには引き出しが組み込まれている。ダイニングのテーブルの天板の下には収納スペースがある。リビングのデスクのテーブルは拡張型だ。引き出しに天板を乗せれば大きくなる。ダイニングの窓はスライド式だ。リビングの海を見渡せる窓もスライド式だ。窓ガラスを全部引き上げ、網戸を降ろせば虫は室内に入ってこない。リビングの床下収納にはワインを貯蔵する籠がある。紐で吊り上げて出す仕組みだ。

　日本贔屓のアスプルンドは日本建築にヒントを得たのではないか。京都の町家は動く仕組みに支えられている。大人数の宴会には襖を取り払い2つの部屋を1つにして使う。季節の変わり目には襖を簾戸*1に、障子を御簾*2に替えて風を通す。畳の上には籐の網代や籐筵*3を敷いて涼感を演出する。はるか遠くのスウェーデンで、日本のしつらえを思い出した。

リビングの窓	ダイニングの窓	キッチンのテーブル

窓はスライドして持ち上がる
網戸がスライドして下りてくる

リビングの床下収納

床下から紐を引き上げるとワインの籠が現れる

引きながら持ち上げるスライド窓

引き出しに天板をのせてテーブルを拡張する

*1 簾戸（すど）は、竹や葭（よし）でつくった夏用の障子。
*2 御簾（みす）は、竹を材料としすだれを、鴨居部分から吊り下げたもの。
*3 籐の網代（あじろ）・籐筵（とうむしろ）は、籐を材料としてつくった敷物。籐の網代は、籐の表皮だけを割りだして織り上げ、裏張りをして仕上げたもの。籐筵は、籐を棒状にして糸でつないだもの

アスプルンドの夏の家宿泊案内

グンナール・アスプルンドの夏の家は、ストックホルムから車で2時間、カーナビを頼りに高速道路を抜け、小さな街をいくつか通り過ぎ、森を抜けると突然現れる入り江の傍らにある。イングリッドと再婚して息子ヨハンが生まれた折り、アスプルンドが1937年に建てたものだ。スウェーデンでは全世帯の3分の1が夏の家（別荘）を所有しており、夏期休暇には森を散歩したり、湖や海で泳いだりして家族でくつろぐ習慣がある。夏のストックホルムは外国人観光客で膨れ上がるので、市民は喧騒を避けて郊外へ避暑に出かけるのだ。その例にならい、アスプルンドの夏の家に泊まりに行った。

出迎えてくれたのは、イヴァー・ホーゲルードさんと、ダックスフントのアマンダだ。母屋の前庭のテーブルで、イヴァーさんお手製のパウンドケーキと、市内で留守番の奥様、シャルロッタさんの手づくりのレモネードをいただく。冷たい甘さが喉に心地よい。夏空に雲が流れていくのを見て「今が一番いい季節だ」と、イヴァーさんが言った。コーヒーを飲み終えると、ガイドツアーの始まりだ。アマンダも尻尾を振りながら付いてくる。

勧められるがまま裏手の岩山に登った。息が切れるほど急な斜面を登りきると、素晴らしい見晴らしが待っていた。母屋の軸からずれるようにリビングルームがあり、その先に今回宿泊するゲストハウスがあり、遠くでは海がきらきらと光っていた。岩山を下り、木立の中にある三角形の可愛らしい建物へ案内される。白い壁、青いドア、赤いハートのマークが可愛らしい。スウェーデンではハートはトイレの印として当たり前なのだと言う。お尻の形を連想させるから、あるいは考えごとをする場所だからか。中に入るとシャベルで土を便器に入れて、堆肥をつくる仕組みだ。用を足したら汲み取り式の木製の便器が2つ並んでいる。壁にはロイヤルファミリーのポスターが貼ってあった。これもスウェーデンでは普通の光景なのだという。

母屋は土足で出入りしてかまわないとのことだが、アスプルンドに敬意を表し、イヴァーさんの掃除の手間を考えて靴を脱ぐ。端に子供たちの部屋があり、中央にキッチンとダイニング、そして廊下の突き当たりにリビングがある。イヴァーさんが変形するテーブルや上下に動く窓のつくりを解説してくれた。イヴァーさんはアスプルンドの直系ではないが、夏の家を買い取った縁から詳しく建築を研究している。そして、もしアスプルンドが生きていれば望んだと思われるかたちで、屋根を葺き替え、壁を補修し、庭に花を植え樹木を手入れしている。その労力も費用も相当なものだ。夏の家を訪ねる旅行者の対

価は家の修復費に回る。

自由に家を見ていいと言われ、写真を撮ったり、リビングの暖炉をスケッチしたり、アスプルンドの本をめくり図面と照合したりしていると日が暮れた。蚊が出る前に、窓を閉めるか網戸を下ろす必要がある。ゲストルームに戻ってキャンドルに火を灯し、海を眺めながら買って来た食材を広げ、ワインとパンとフルーツで軽めの夕食を済ませる。インターネットがつながらないので、見るともなくテーブルに活けてある花を見る。濃い緑の葉、赤いバラ、青と白のキキョウはすべて庭で咲いていたものだ。辺りはしんと静まりかえっているが、都会にはない豊かさに満ちている。まるで友人の家に泊まりにきたかのようなつろぎを覚えながら眠りについた。

朝食はシャルロッタさんのお手製のジャムをパンに塗り、スウェーデン風に紅茶にたっぷりのハチミツを入れる。ウッドデッキの先のボート小屋まで歩いてみれば、もう出発の時間だ。必ずここに戻ってきて次は長居をしてみたい、とイヴァーさんに別れを告げる。そう願うのは皆同じのようで、ゲストブックには各国語で感謝の言葉が綴られていた。

夏の家

ゲストハウス

普段は会社勤めでストックホルム中心部の家に住み、週末や休暇に家族で夏の家に訪れるというイヴァーさん。郊外では愛犬アマンダがお供をして回る。豪華な別荘を目指すのではなく、自分で家を補修したり庭にリンゴとサクランボの果樹を植えたりして野趣を楽しむのがスウェーデン流だ。「冬の雪景色も素晴らしいから、ぜひ多くの人に訪ねて来てほしい」とのこと。四季折々の醍醐味を味わいたい。

Asplund Summer house

［住所］Hästnäsvägen 55, 14897 Sorunda, Sweden
［アクセス］ストックホルムから車で1時間半
宿泊 4人から4000SEK
見学のみ 4人から2000SEK
（1スウェーデンクローナ=15円、2013年3月）
ゲストハウスにはシーツやタオルが用意されている
母家のトイレやキッチンも使用可

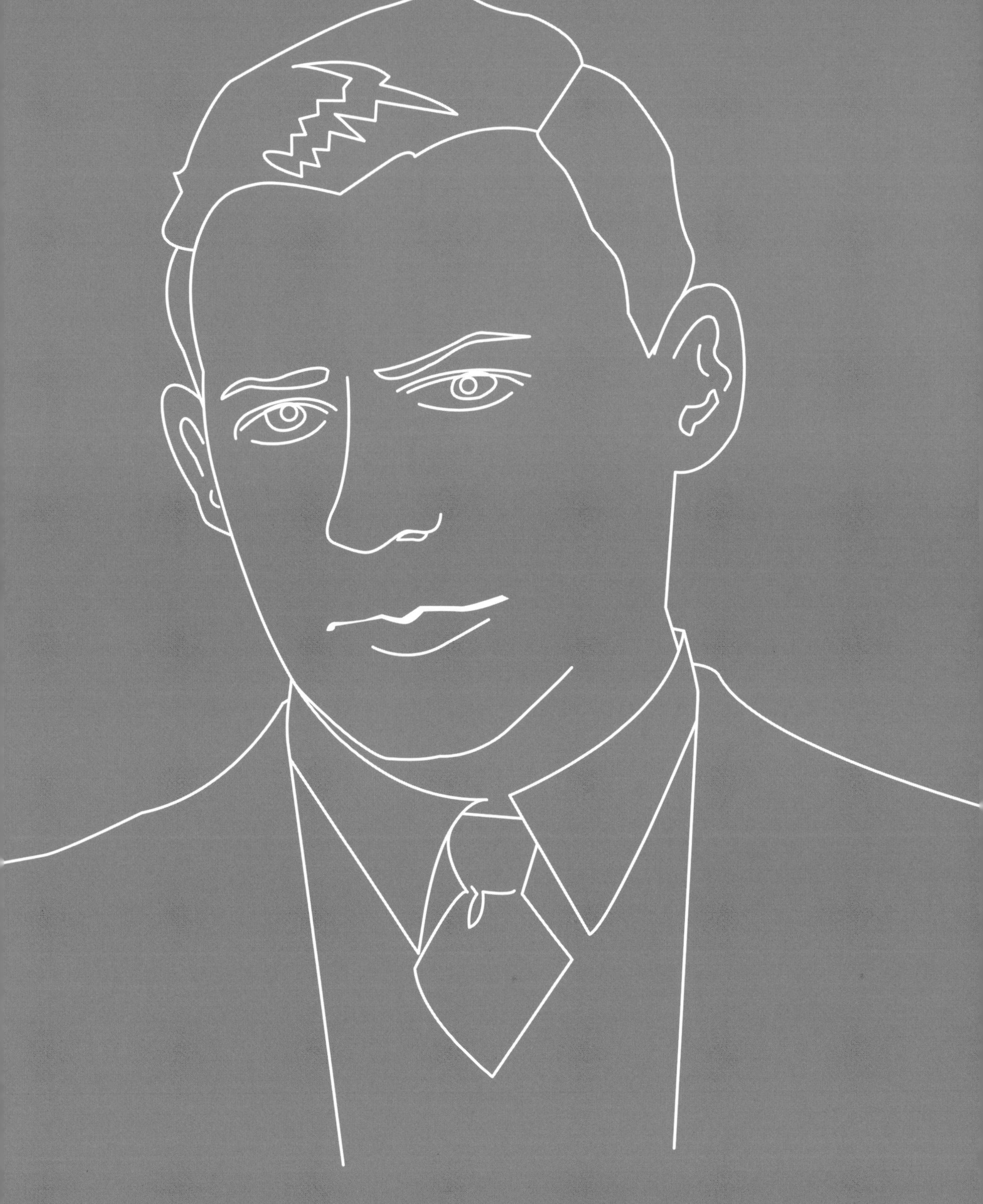

2

Alvar Aalto

アルヴァ・アールト

2-1 アールトから学ぶトータルデザイン

Architectural Design
建築

2 | Alvar Aalto

玄関パーゴラ下から中庭を臨む

　アールトは1923年にユヴァスキュラに建築設計事務所を開設し、13歳年上のアスプルンドの背中を追いかけるように建築家への道を歩みはじめた。1930年代には「パイミオのサナトリウム」（1933）、「ヴィープリの図書館」（1935）と立て続けに優れた建築作品を発表し北欧を代表する建築家としての地位を確立した。2人は共に新古典主義から機能主義へ転身してモダンな作風を見せ始めていたが、常に暮らしの向上と社会の改善を念頭に置いていた。1935年にアールトは友人のマイレ・グリクセンと自社製の家具や照明などインテリアデザイン全般を扱うアルテック社を設立する。高い品質と耐久性を誇るアルテック社の家具はやがてフィンランドらしさの象徴となり、アールトがイギリスやアメリカに進出するとともに普及していった。
　「セイナッツァロの役場」（1952）は、アールトが円熟期につくった名建築のひとつである。家具、プロダクト、インテリアそして建築という領域を横断し、複合建築として市民の集いの場所をさまざまなかたちで示している。この建築の中心は中庭だ。外壁はフィンランドの厳しい自然に対峙するため、どうし

Furniture / Product Design
家具・プロダクト

Interior Design
インテリア

木のルーバーとペンダント照明

椅子の背面には、代々の議員の名前の銘板がある

玄関パーゴラの照明

玄関の取っ手

天井の高い議場

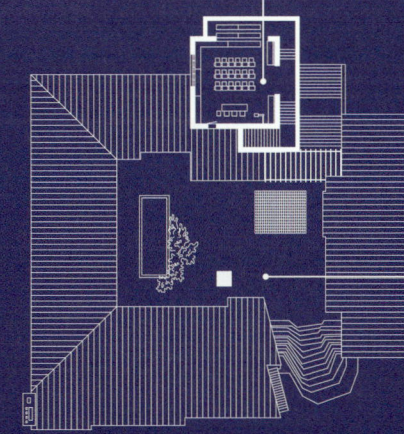

セイナッツァロの役場　平面図　S=1:800

りとしたレンガで覆われているが、芝生の中庭は軽やかなガラスの回廊で囲まれている。緑のツタが生い茂り、噴水の水音が響く空間は楽園を象徴しているかのようだ。全体の構成はイタリアの山岳都市を思わせるが、すべて地元の素材で出来ている。アールトはインテリアの床や壁にも外壁と同じレンガを用い、天井と扉と家具には木を用いた。地元の職人の技術を最大限に活用して、手摺、演説台、議会の決をとる木槌までデザインし、家具や照明にはアルテック社の製品を納めた。トータルデザインの調和が心地よい空間が出来上がった。

2-2 手に触れる部分へのこだわり

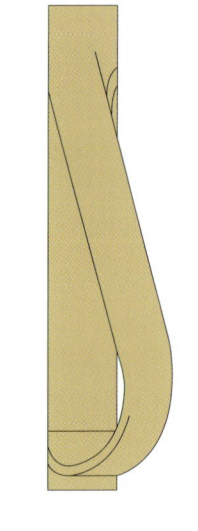

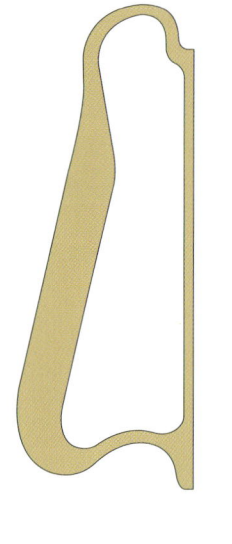

2 | Alvar Aalto

「ラウタタロ・オフィス・ビル」(1955)の取っ手

「入口はどこだ」ヘルシンキ工科大学（現アールト大学）の建築設計課題において学生が難解な設計コンセプトを説明しようとすると、教授から問われるのはこのひとことだ。人々が最初に触れる建築は取っ手である。扉を開ける行為は、建築との最初の握手だ。実際、この大学の建築教育の最初の演習課題は取っ手のデザインである。都市と建築とインテリアの境界は入口に存在する。

建築家が取っ手をデザインしたと聞くと不思議に思うかもしれない。しかしアールトはこの大学で学んだ。自分が建てた建造物にさまざまな取っ手をデザインしたが、ついにアールトのシグネチャーとも言えるかたちにたどり着く。「ラウタタロ・オフィス・ビル」(1955)でデザインした真鍮の取っ手は、上下に重ねて使えるかたちだ。ひとつでも存在感があるし、複数を並べた姿も美しい。「アールトのスタジオ」(1956)、「アカデミア書店」(1969)、「フィンランディアホール」(1971)等の多くの作品に使用されているため、ヘルシンキでアールト建築を見つける手がかりにもなっている。

「フィンランド国民年金協会」(1956)の玄関の取っ手

「セイナッツァロの役場」(1952)の取っ手

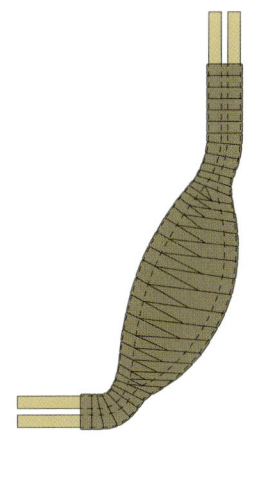

「フィンランド国民年金協会」(1956)の取っ手

2-3 必要最低限という美学

2 | Alvar Aalto

キャンティ藁苞ボトル。アールトはキャンティのルフィーノを好んで飲んだ

イタリアのトスカーナ州キャンティ地方のワインボトルは藁で下半分が覆われたとっくり型で有名だ。藁苞といって、藁を束ねて包んだパッケージは輸送時の衝撃から中身を守る役割を果たす。職人の手作業で出来ているため、緩衝材の域を超えて高いデザイン性と暖かみを感じさせる。

アールトはキャンティワイン片手に図面を引いたため、図面の端にはよくワインのシミがあった。そのためなのか、「ユヴァスキュラ教育大学」（1957）の柱のデザインにはキャンティワインと共通の美学を見出すことができる。丸柱の仕上げにおいて、人が手を挙げた高さまでタイルを巻いている。ホール脇の柱においては、中央に面した側だけをタイルで仕上げ、人間の手に触れる部分だけをカバーする姿勢を徹底している。「セイナッツァロの役場」（1952）では金属製の取っ手に藤のひもを巻いて仕上げていた。取っ手や手摺、柱は建築においてもっとも人の手が触れる部分である。プロダクトや建築に求められる機能を、必要最低限の素材とかたちでデザインするのはアールトの美学だ。

ユヴァスキュラ教育大学（1957）
本館のエントランスホールの柱

2-4 貫入するトップライト

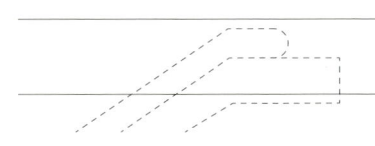

2 | Alvar Aalto

アカデミア書店　断面図　S=1:200

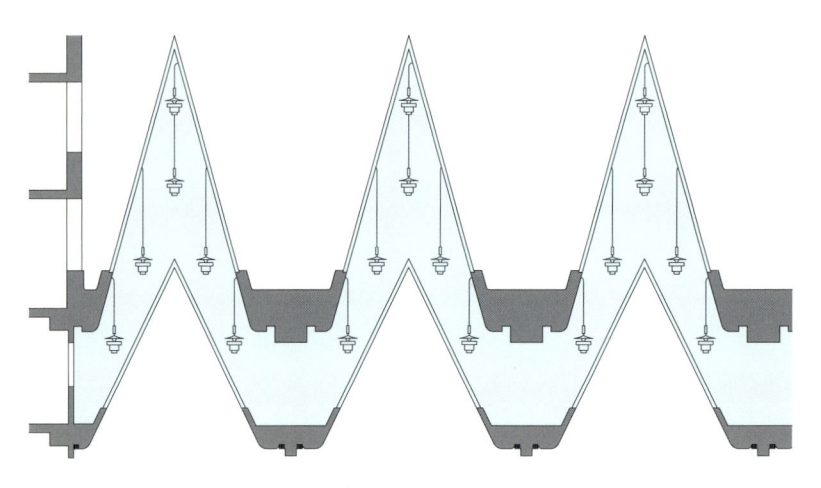

フィンランド国民年金協会　断面図　S=1:200

日本の建築基準法では採光に関して「有効な開口部を居室の床面積の1／7以上設けること」が定められている。ただし開口部を天井に設ける場合は、通常の3倍の面積として算定が可能だ。直射光に加えて均一で安定した天空の光をトップライトとして室内に取り入れることができるからである。

北欧の太陽光は日本に比べてはるかに低い角度から射し込む。ヘルシンキの南中高度は夏でも53度、冬はたったの7度である。したがってアールトがトップライトにこだわった理由を想像できるだろう。

しかし、アールトが設けたトップライトには建物の内部に貫入するほどのボリュームがある。

「アカデミア書店」（1969）では吹き抜けの天井に立体的なトップライトが浮かぶ。青みがかったガラス内部の自然光は、本を照らすオレンジ色の光と美しいコントラストをなす。「フィンランド国民年金協会」（1956）では、階高3層分にわたってトップライトがせり出し、もはや天窓とはいえない迫力だ。ガラスの中にはアールトがデザインした照明が吊り下げられている。

「アカデミア書店」(1969)

「フィンランド国民年金協会」(1956)

2-5 建築の機能を併せもつ家具

2 | Alvar Aalto

個室のような家具

デスクと椅子が置かれ、照明を完備し、入口にはドアがある

次頁：当時の年金相談フロアの間取り

建築は空間をつくり、家具は空間に機能を与える。これが一般的な建築と家具の役割分担である。しかしアールトの取り組みを見れば、建築と家具はもっと補完的な関係にあることがわかる。

「フィンランド国民年金協会」（1956）において、アールトはフロアいっぱいに個室のユニットを並べてみせた。それぞれの個室にはドア、机、椅子、照明が備え付けてある。年金の相談に訪れた市民はこの個室の内部で職員とやり取りする。たくさん並んだ個室の中で人々が働く様子はさながら合理化と近代化の時代の象徴であった。

アールトは1930年代から公共建築に取り組んでおり、個人や会社のニーズに応える規格住宅を手がけていた。さまざまなバリエーションを生み出す一方で、基本となる形状や機能を見つけては大量生産型の家具を開発していった。この年金協会のユニットは人が働く空間の最小単位を示している。ニーズに応じて個室の増減や組み合わせの変更は容易だ。空間を分節する建築の機能を組み込んだ家具は、今もなお新鮮である。

072

073

2-6 暖房のデザイン

2 | Alvar Aalto

「セイナッツァロの役場」(1952)の中庭を臨む回廊

同上、レンガのベンチの下に設置された放熱パネル

「パイミオのサナトリウム」(1933)
食堂の照明の間にある放熱パネル

「フィンランド国民年金協会」(1956)
食堂の天井全体を覆う放熱パネル

設備は建築を構成する重要な要素のひとつである。しかしおおむね15年程度で交換が必要となるため、消耗する部品だといえるだろう。一方、建築そのものは100年間はもつ。設備をデザインする際には、変わりゆく技術と変わらない構造躯体との折り合いの付け方が問われる。アールトが手がけた暖房のデザインを見てみよう。

「セイナッツァロの役場」(1952)では、ガラスの回廊の足下に放熱パネルを設置した。レンガのベンチの下に隠れているので一見それとは気がつかないが、レンガのスリットからふく射熱がガラス面に向けて上昇し、コールドドラフトを防ぐ仕組みだ。また、廊下の床にも放熱があるため、自然対流で足下から暖める理想的な設備計画だと言えるだろう。

「パイミオのサナトリウム」(1933)、「フィンランド国民年金協会」(1956)では、アールトは食堂の天井に放熱パネルを組み込んだ。前者では天井に一定の間隔で細長いスチールパネルを設置した。この細長いパネルが放熱する。そして後者では、食器トレーのような放熱パネルをデザインして天井全体を覆った。

2-7 音と光のデザイン

2 | Alvar Aalto

「図書館に関する主要な問題は人間の眼である」
「不適当な自然光や人口照明を使用して人間の目を痛めるならば、どんなに価値のある建築だったとしても、反動的な建築を意味する」

(アルヴァ・アールト　建築を人間的なものにする／ザ・テクノロジー・レヴィー誌、1940年11月より要約)

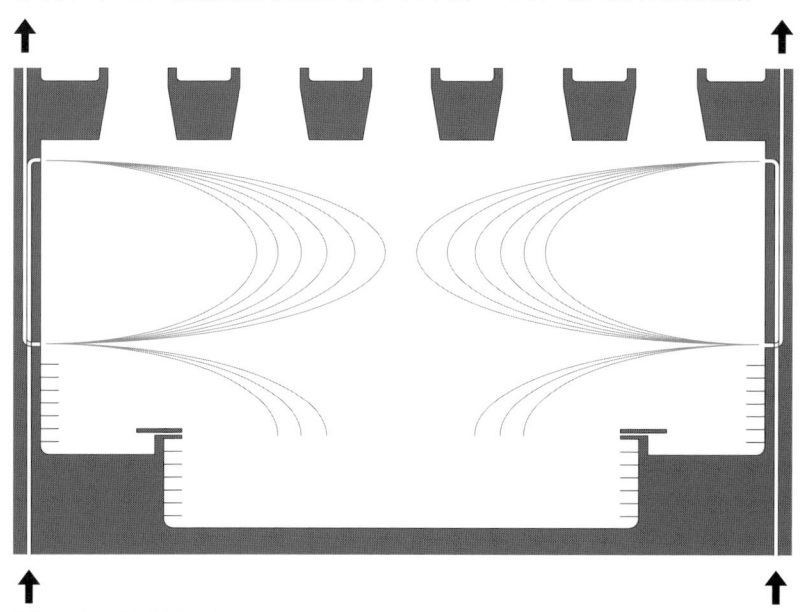

「ヴィープリの図書館」(1935)
閲覧室の空調：空気の循環を計画した

　音と光には波の性質という共通点がある。そしてアールトという名字はフィンランド語で波を意味する。偶然か必然か、アールトは波状の壁を「ニューヨーク万国博覧会フィンランド館」(1938)で発表したり、ガラスが波状に曲線を描く花瓶をイッタラ社から発売したりしている。

　「ヴィープリの図書館」(1935)において、アールトは講義室の天井を波がうねるような曲面で構成した。講演者の声がまんべんなく聴衆に届くことを意図している。アールトのスケッチには、講演者から発せられた声が天井の曲面ひとつひとつに反射しては拡散する軌跡が描かれている。

　そして閲覧室では、天井にいくつものトップライトを設けた。北欧特有の入射角の低い太陽光線は、丸い天窓を通過する際に壁面で反射して室内に拡散する。書棚の壁に囲まれた閉鎖的な空間に自然光が満ちる仕組みだ。アールトのスケッチには、拡散した自然光が閲覧者の手元を照らし出す様子や、反射板で隠された照明の光が書棚だけを照らす様子が描かれている。

076

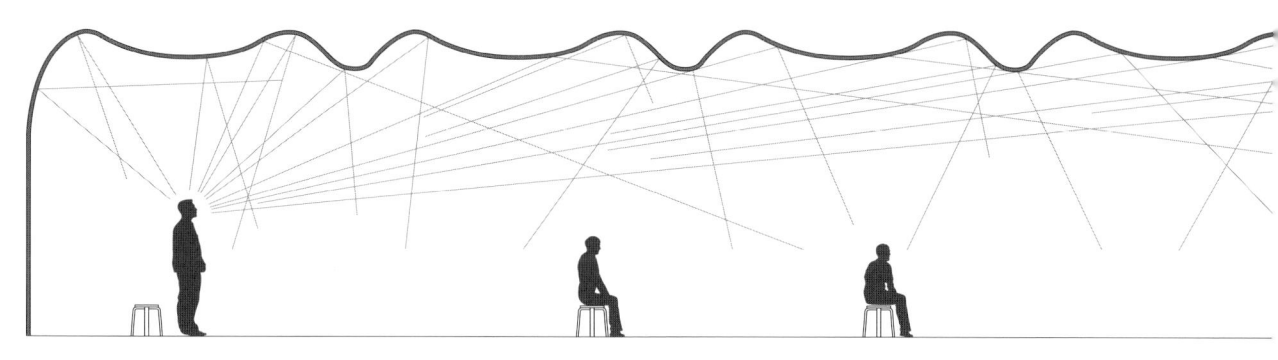

「ヴィープリの図書館」(1935)
講義室の波打つ天井：発言者の声は、天井の曲面で反射して講義室全体に届く

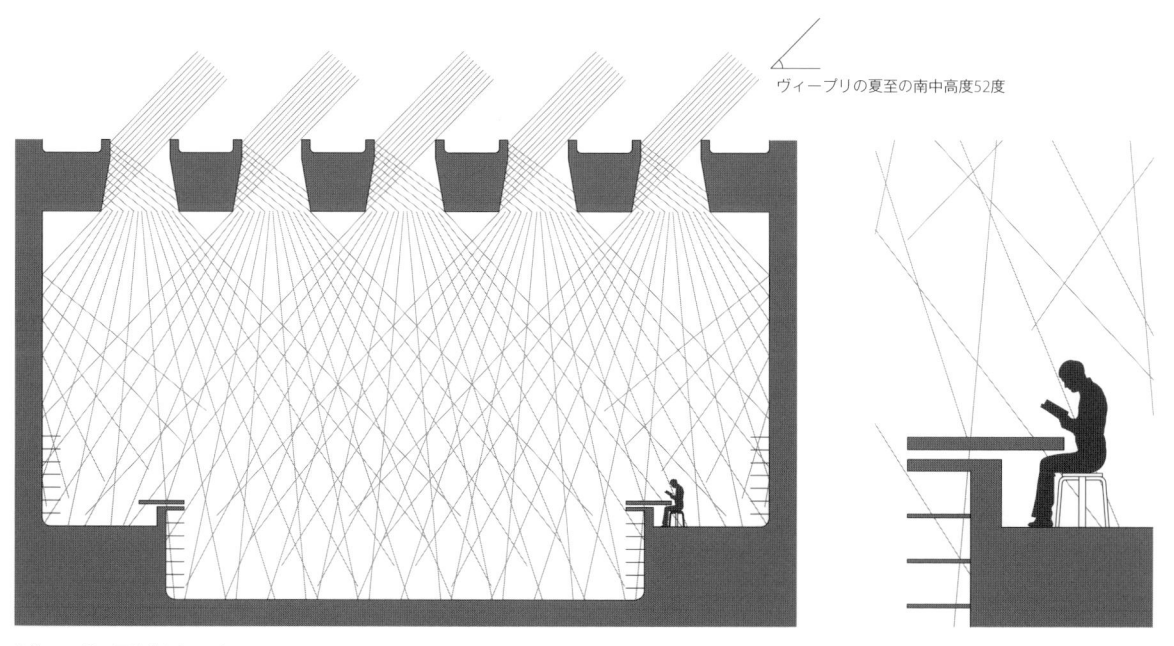

ヴィープリの夏至の南中高度52度

「ヴィープリの図書館」(1935)
閲覧室のトップライト：拡散する自然光が閲覧者の手元を照らし出す

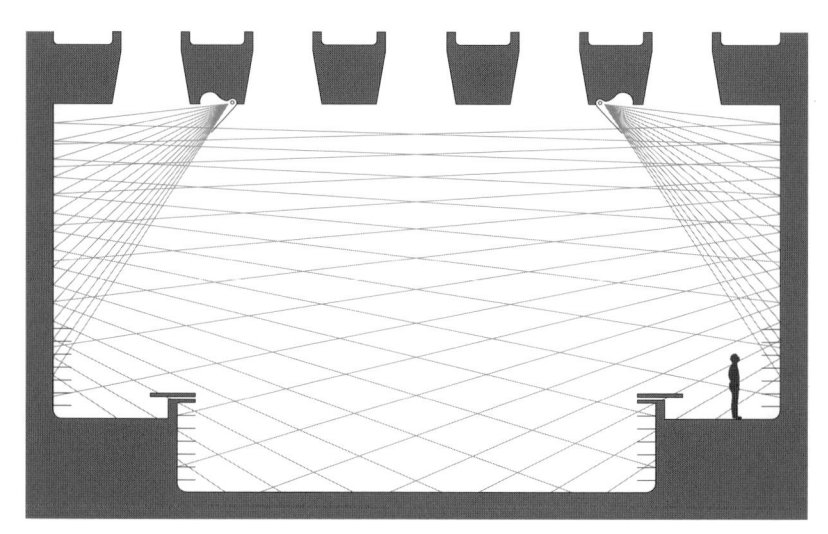

「ヴィープリの図書館」(1935)
閲覧室の天井照明：反射板は光源を隠しながら書棚の壁面を照らし出す

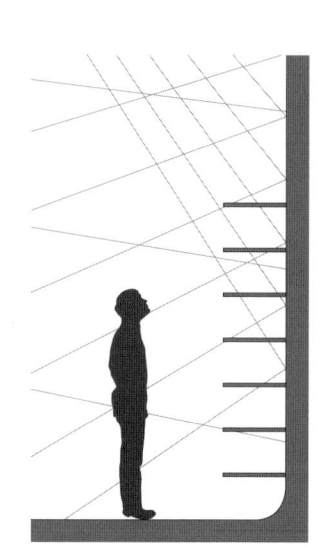

2-8 病室のトータルデザイン

天井放熱パネル

クロゼットを開ける

クロゼットを閉じる

アールトは「パイミオのサナトリウム」（1933）において、患者の視覚や聴覚に配慮しながら病室をデザインした。病床の患者の視覚の大半は天井や窓が占める。アールトは長期療養者の病室の天井を優しいブルーグリーンで構成し、ごく一部を半円形に白く塗り分けて、間接照明の反射板とした。また、ベッドの高さに合わせて窓の位置を設け、その前にブルーグリーンの窓台を取り付けた。静かな環境をつくり出すために一方の壁を吸音壁として、エレベーターを患者の部屋から遠い位置にデザインした。水道の音を押さえるためにデザインした曲面の洗面台を2つ設け、その間には吐瀉物専用のシンクを置いた。患者はサイドテーブルに置いた容器に痰を入れ、それをシンクに捨てる仕組みだ。壁に溶けこむように角を丸くしたクロゼットは床から浮かせて壁に取り付け、掃除のしやすさを考慮した。患者の頭部に暖気が当たらないように、放熱パネルはベッドの足元の天井に設置した。病室のトータルデザインは、病にあらがい、明日を生きる気力を養うデザインに他ならない。

天井の一部を半円形に白く塗り分けて、間接照明の反射板とする

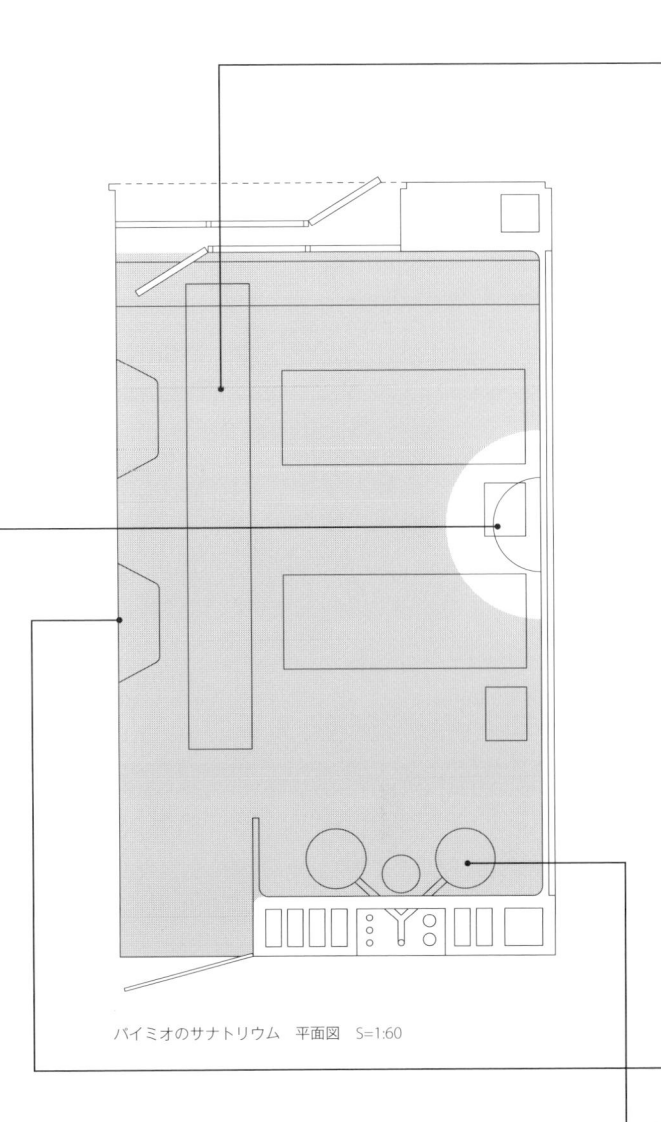

パイミオのサナトリウム　平面図　S=1:60

各患者用の2つの洗面台と吐瀉物専用の中央のシンク

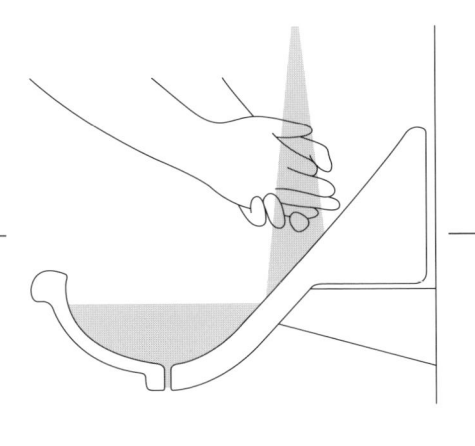

落水をスムーズに流す断面形状が飛沫の音を軽減する

2-9 素材とかたち

2 | Alvar Aalto

「アルヴァ・アールト美術館」(1973)に展示されている成形治具
1929年からアールトはトゥルク近くの家具工場の技術責任者であるオットー・コルホーネンと積層合板の成形と曲げ技法の実験を開始した。1933年、ついに独特の曲げ技法によるアールトレッグと呼ばれる「L-leg」の開発に成功。その技法は、無垢の脚の上部の曲げ成形する部分に鋸で鋸目を等間隔に入れ、接着剤をつけた薄い板を無垢材の木目と直交する方向に差し込んで、必要な角度に曲げて治具で固定し乾燥させる技術である。フィンランド伝統の「挽き曲げ」技法をベースに開発し、ヨーロッパ各地で特許を取得した。「L-leg」の開発は、その後「Y-leg」(1947)と「X-leg」(1954)の開発につながる。

アールトの椅子は魅力的なかたちをしている。フィンランドの樺材を用いた椅子は、シンプルかつ頑丈で使いやすいデザインとして評判を呼び、現在もアルテック社の主力製品となっている。

1920年代にマルセル・ブロイヤーが発表したスチールパイプの椅子を木で置き換える方法をアールトは模索したが、モホリ・ナギやヴァルター・グロピウスとの出会いによって素材とかたちの解答が出た。アールトは彼らからバウハウスの研究手法を学ぶ。家具職人のオットー・コルホーネンと実験を繰り返し、ついに細長い木のフレームをつくり出しパイミオ・チェア(CHAIR 41、1932)が完成する。キャンチレバー形状のアームチェア(CHAIR 31/42、1932)と、屈曲部分だけを加工して曲げた3本脚のスツール(STOOL 60、1933)を発表するうち、アールトは材料実験の成果を建築に応用する。機能主義を突き詰めたコルビュジエとは対照的に、自然と融合する建築を自由な造形でつくり始めたのだ。

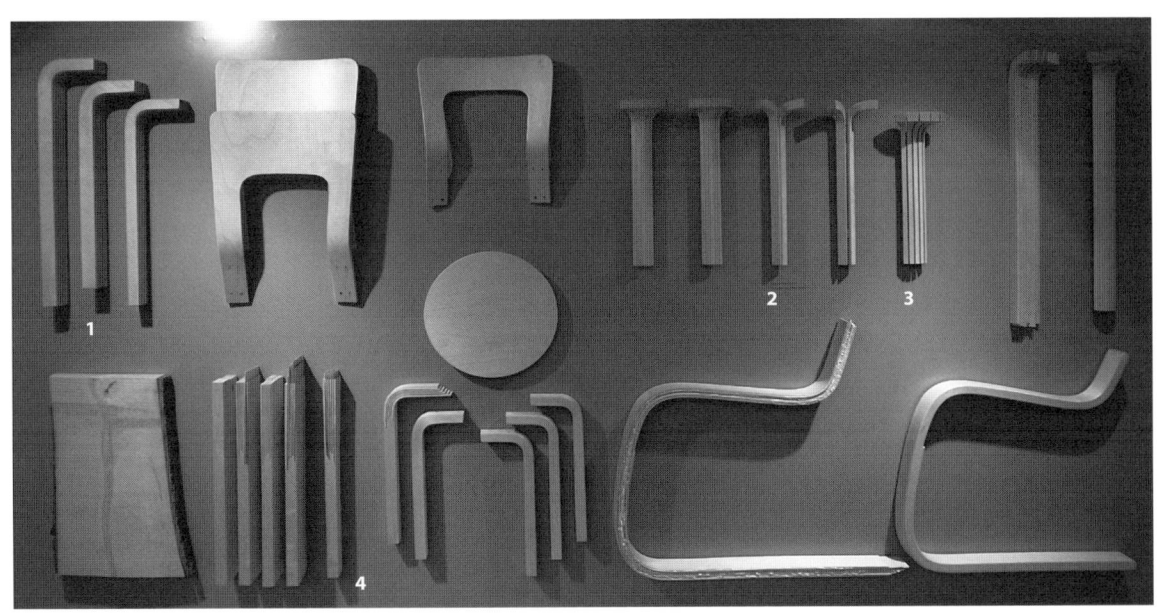

アールトの家具の脚の数々

1　L-leg（1933）　　3　X-leg（1954）
2　Y-leg（1947）　　4　鋸目を等間隔に入れた段階

アールトの椅子の数々

1　Otto Korhonen and Alvar Aalto,「Hall」(1929)
　　Gold medal at the Finish Fairs quality competition 1930
2　Otto Korhonen and Alvar Aalto,「Number two」(1929)
　　Gold medal at the Finish Fairs quality competition 1930
3　Otto Korhonen and Alvar Aalto,「A product of our time」(1930)
　　Finish Society of Crafts and Design, competition for a standard chair 1931
4　Otto Korhonen and Alvar Aalto,「Auditorium chair」(1929)
　　Gold medal at the Finish fairs quality competition 1930
5　Alvar Aalto, Milan triennial, Italy 1933
6　Alvar Aalto, Nordic Building Conference, Helsinki 1932
7　Alvar Aalto, Industrial Design Exhibition, Helsinki 1929
8　Alvar Aalto, Milan triennial, Italy 1936
9　Alvar Aalto 1946/1947
10　Aino and Alvar Aalto, Turku Fair 1929
11　Alvar Aalto 1938/1947

（アルヴァ・アールト美術館、展示リストより）

Column 02 | 2 | Alvar Aalto

アールトのセイナッツァロの役場宿泊案内

「セイナッツァロの役場」は、アールトのレンガの時代の傑作と言われている。四方から建物を眺めたり、芝生の階段を上がって中庭を歩いてみたり、中に入って議場や会議室に腰掛けたりするだけでも、細部までアールトが施したデザインを堪能できるのだが、泊まってみると、その素晴らしさが一層感じられる。

旅行者用の部屋は狭い。アールトと妻エリッサを意味する名前が付けられた2つの部屋の大きさは似たり寄ったりで、どちらの部屋になるかは予約順に決まる。室内にはアルテックの椅子とテーブル、マリメッコのストライプのタオル、シーツがかけられた簡単なベッド、食器棚と冷蔵庫があり、それだけで部屋はいっぱいだ。トイレとシャワーは2部屋で共同である。初めて部屋を目にした人は、旅行者が自炊して寝るためだけの部屋なのだと割り切る必要があるだろう。しかし、大きなガラス窓は美しい中庭に面しており、噴水の心地よい水音が聞こえる。そして、かつてアールト夫妻がセイナッツァロを訪ねた折りにゲストルームを使っていたと知るにつけ、部屋の見方は変わっていく。

セイナッツァロは製材業で発展した島で、3000人の住人の半分はその一社に勤めていた。1924年、アールトに街のマスタープランの依頼があり、1949年のコンペを経て役場の建設に至った。議場の天井の梁をはじめ、あちこちに木材を割り箸のごとく使っているのは地元の素材を用いた表現である。近隣ではレンガ産業も発達していたので、赤レンガの使用もいわば地産地消だった。常にイタリアを夢見ていたアールトは、地中海の山岳都市を意識して、商店と住居、公文書館と議場、中庭をひとつの建物の中に配置して人々が集まる複合施設をつくり上げた。地中海と同じレンガ工法で積み上げるという念の入れようだった。

やがて島の行政はユバスキュラと統合されたので、もはや役場や議会の機能はこの建物に残っていない。その代わりに行政窓口はユバスキュラの窓口に、住居部分は貸しアパートになり、商店が入っていた場所は図書館に、大きな議場はたまに集会で使われる時以外はアールト建築の見学の場となっている。宿泊者の過ごし方はさまざまだ。朝起きると職員に挨拶して館内をめぐり、昼は近隣住民に混じって図書館でメールをチェックし、アールトやムーミンの蔵書をめぐる。午後はムーラッツァロの実験住宅を訪ねた後、近所のスーパーで食材を買い、夕方は中庭の景色を独占しながら部屋で過ごすこともできる。夜の闇に響く噴水のひそやかな響きや、ダンサーをキュビズムで表現した彫刻のシルエット、朝

日が照らす緑のツタは、役場の中につくられた予想外の楽園の存在を実感させる。ただし、カーテンを閉め忘れていると、中庭へ熱心な建築マニアが世界中からやって来て、朝早くから中庭を散策しては隅々まで写真を撮るからだ。
中庭は道路から4mの高さに土を盛り上げて芝生とレンガを敷き詰めたものだ。東側の花崗岩の階段、西側の芝生の階段のどちらからもアクセス可能だ。コンペの進行中からアールトは「建物に囲まれた中庭は不思議とコミュニティを強化する」と予言していた。その意図を一番理解できるのは、もしかするとこの役場の宿泊者かもしれない。レンガの外壁は北欧の要塞都市にも似ており、中庭には平和で静かな空気が満ちている。ここで時間を過ごした人は、セイナッツァロへの帰属意識と憧憬で心を満たして帰るからだ。

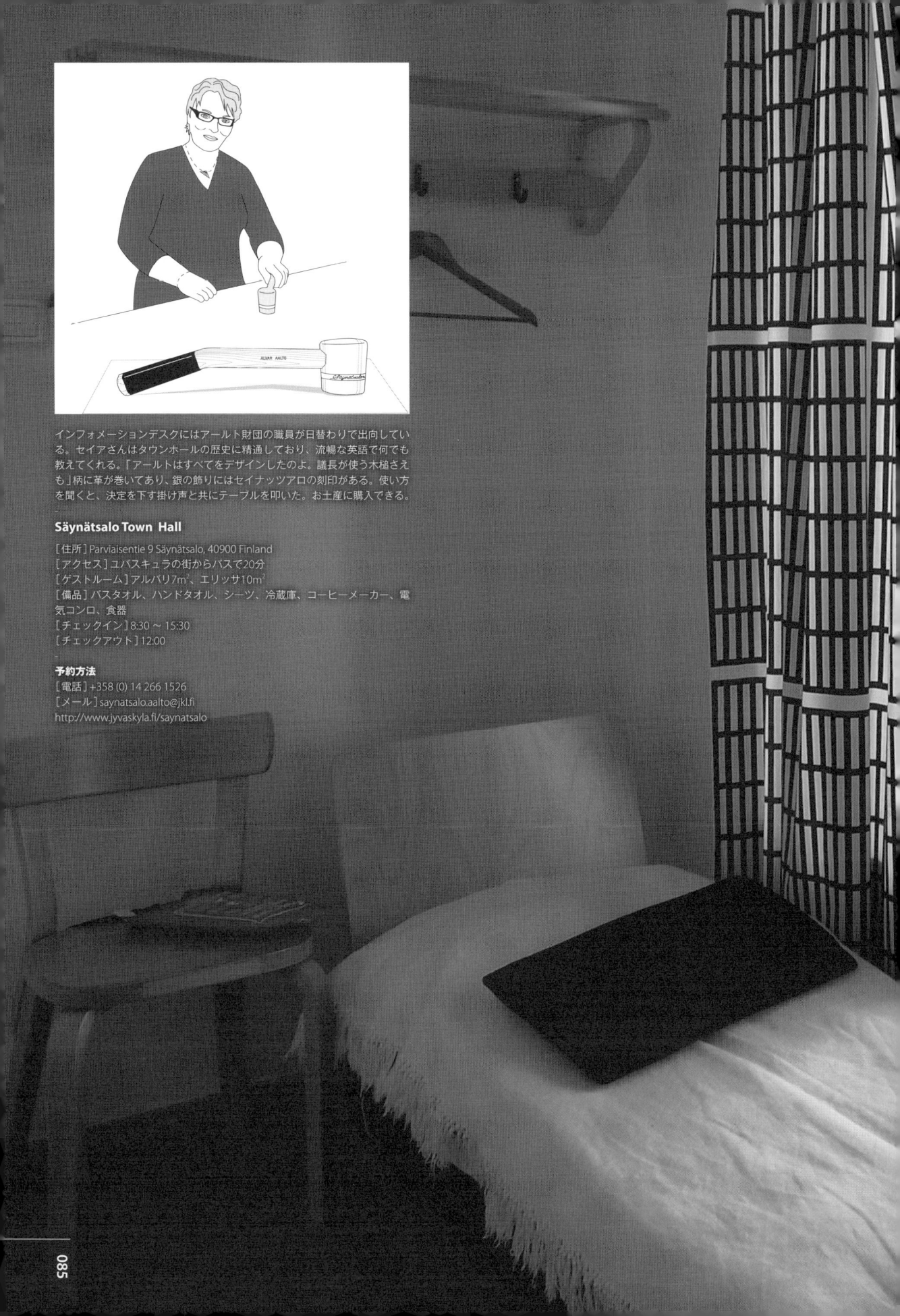

インフォメーションデスクにはアールト財団の職員が日替わりで出向いている。セイアさんはタウンホールの歴史に精通しており、流暢な英語で何でも教えてくれる。「アールトはすべてをデザインしたのよ。議長が使う木槌さえも」柄に革が巻いてあり、銀の飾りにはセイナッツアロの刻印がある。使い方を聞くと、決定を下す掛け声と共にテーブルを叩いた。お土産に購入できる。

Säynätsalo Town Hall

[住所] Parviaisentie 9 Säynätsalo, 40900 Finland
[アクセス] ユバスキュラの街からバスで20分
[ゲストルーム] アルバリ7m²、エリッサ10m²
[備品] バスタオル、ハンドタオル、シーツ、冷蔵庫、コーヒーメーカー、電気コンロ、食器
[チェックイン] 8:30 〜 15:30
[チェックアウト] 12:00

予約方法
[電話] +358 (0) 14 266 1526
[メール] saynatsalo.aalto@jkl.fi
http://www.jyvaskyla.fi/saynatsalo

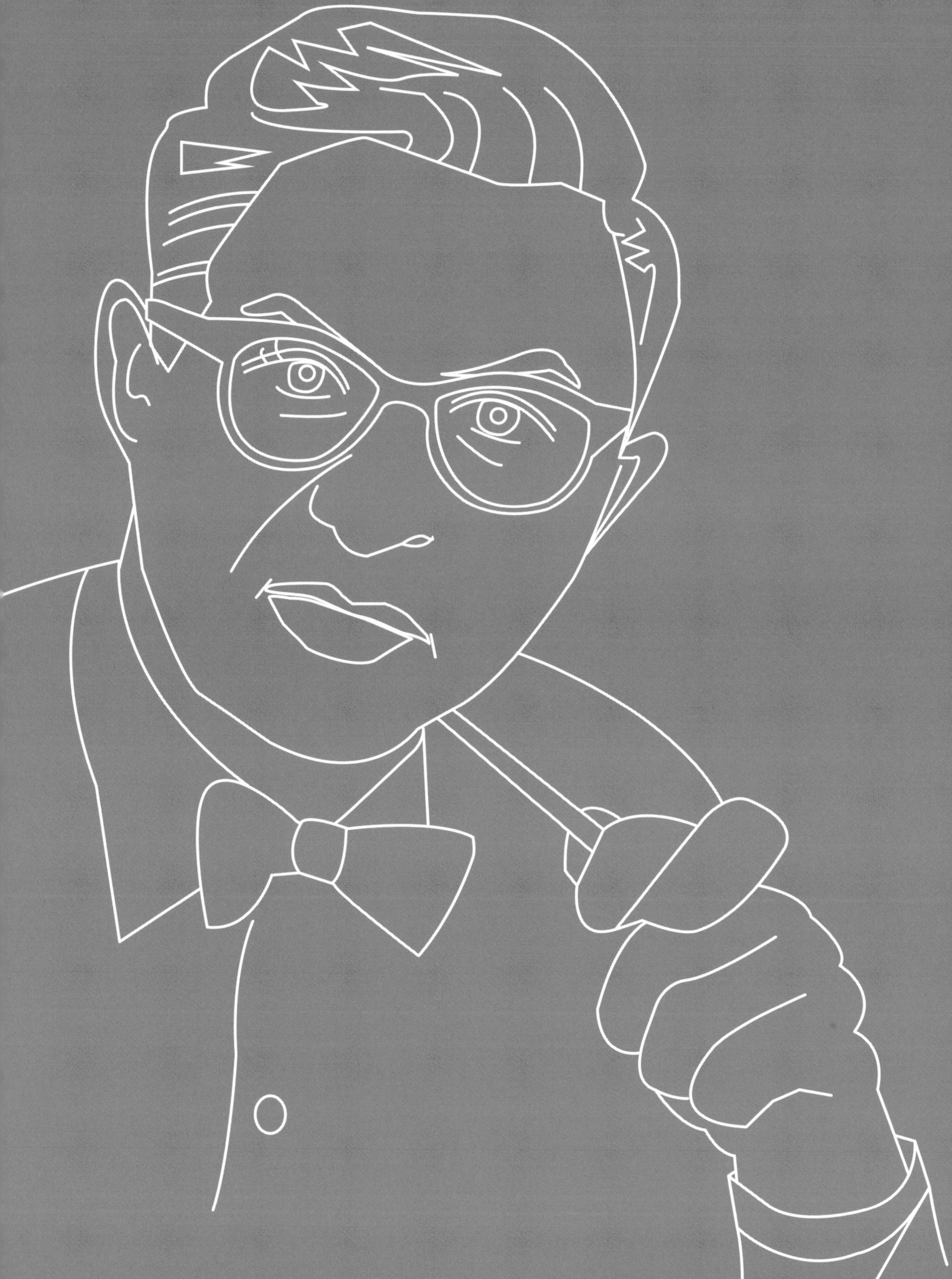

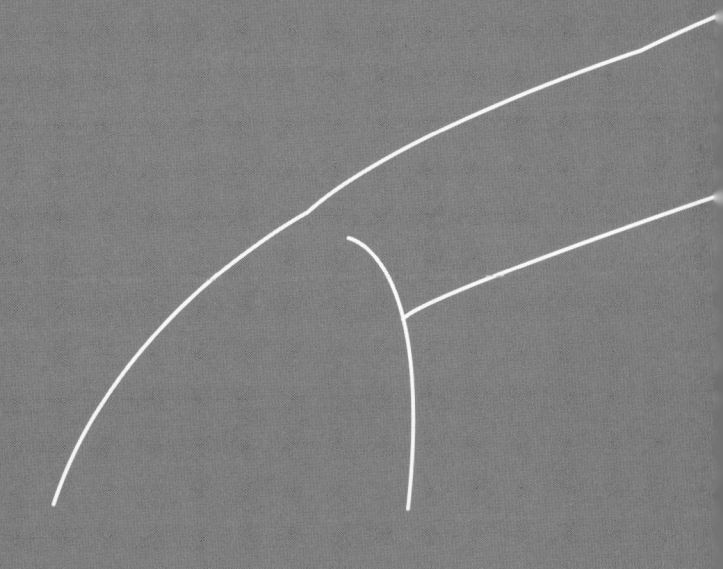

3

Arne Jacobsen

アルネ・ヤコブセン

Architectural Design
建築

3-1 ヤコブセンから学ぶトータルデザイン

3 | Arne Jacobsen

「デンマーク国立銀行」（1978）俯瞰
要塞のように無機質な外観を誇る国立銀行だが、内部はスタイリッシュなプロダクトと光と緑で満たされている。ヤコブセンはどんな場所も人間の生活の場としてつくり変えた

　ヤコブセンもアールトと同様にアスプルンドの後ろ姿を追いかけていた。ヤコブセンによる「オーフス市庁舎」（1942）は、アスプルンドによる「ヨーテボリ裁判所増築」（1937）に酷似している。空間の骨格から階段のデザイン、さらには時計や照明などのプロダクトデザインに至るまで、ヤコブセンは尊敬するアスプルンドの瀟洒な作風を自らの手で再現（リデザイン）してみせた。ヤコブセンには建築に対する明確なビジョンがあった。マスコミと市民の反対にあい、当初は建てない予定だった塔を増設するが、それでも「オーフスの市庁舎」の革新的な価値に変わりはなかった。
　18年後、ヤコブセンは「SASロイヤルホテル」（1960）で再びマスコミのバッシングを受ける。アメリカの摩天楼を思わせるガラス張りの高層ビルは近代的すぎて、市民には受け入れられなかったのだ。しかしやがてこのホテルもヤコブセンの代表作のひとつとして認められた。客室の電気のスイッチまで自らデザインしたヤコブセンの美学はとにかく徹底していた。
　遺作となった「デンマーク国立銀行」（1978）は、

Furniture / Product Design
家具・プロダクト

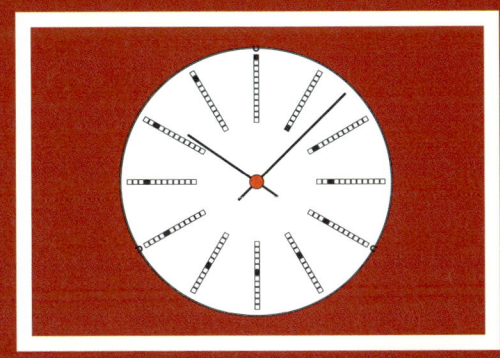

Interior Design
インテリア

「バンカーズ・クロック」(1970)

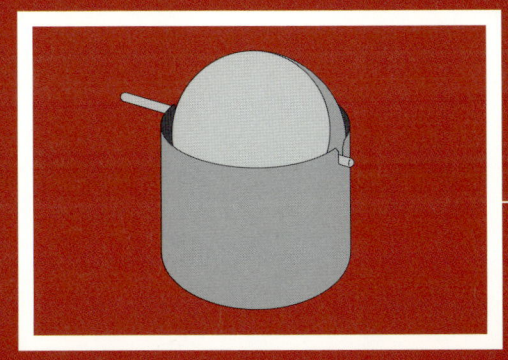

「回転式灰皿／ステルトン・シリンダライン」(1967)

「スワンチェア」(1958)

国立銀行西側の街路、外構のデザイン

「デンマーク国立銀行」 1階ロビー
ヤコブセンは窓口が並ぶ1階ロビーにガラスケースを配置して、内部に緑の鉢植えを吊り下げた。ガラスケースにはトップライトから自然光が降り注ぎ、緑の映える光庭としても機能する

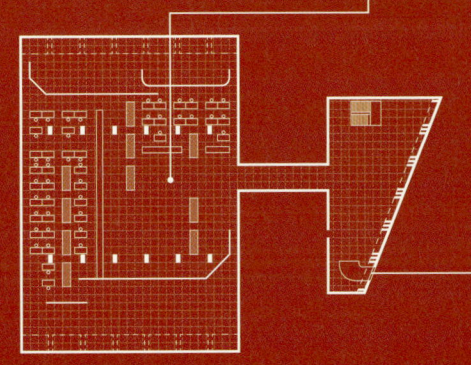

デンマーク国立銀行　1階平面図　S=1:1000

トータルデザインの取り組みの集大成である。家具・プロダクト、インテリア、建築そして都市という領域を横断する視点から、銀行という特殊建築物がはらむ機能を緻密にデザインしていった。川沿いの敷地には伝統的な建物が並ぶ。景観と調和しながら国立銀行としての現代性を両立することがこの設計の都市的なテーマだった。アスプルンドはロッジア、アールトは中庭という半外部空間で内と外をつないだが、ヤコブセンは外装にミラーガラスを用いて、周囲の街並を映し出すことで都市景観との調和を図った。

089

3-2 動く仕組みで解決する

3 | Arne Jacobsen

相反する要求や問題を可動性や可変性が解消する。書類棚に扉が付いていればほこりの侵入を防げるが、何度も扉を開け閉めするのは煩わしい。そんなとき、デザインが日常の問題を解決する。

アルネ・ヤコブセンは、「デンマーク国立銀行」（1978）において収納壁に可動式の扉を組み込んだ。この収納壁は廊下とオフィスを仕切る壁に一定の厚みをもたせたものだ。はじめに観音開きの扉を90度開き、次に押し込むと扉は完全に内部に隠れる。銀行員たちは部屋の美観を保ちながら、書類、食器、洋服をすっきりと仕舞うことが出来る。また、部屋と部屋を仕切る壁は可動間仕切りで出来ており、必要に応じて部屋の大きさを変えることが可能だ。

「デンマーク国立銀行」の入口には2つの自動ドアがある。この可動扉は銀行のセキュリティを保っている。最初の扉はすぐに開くが、2番目の扉は最初の扉を出入りする人の動きがなくなるまでは反応しない。最初の扉が完全に閉まると2番目の扉が開き、メインロビーに入ることができる。

廊下とオフィスを間仕切る収納壁

90度開き、押込むと、扉は完全に内部に隠れる

扉をすべて収納した状態

オフィスのデスク手前に見える椅子は、この建築のためにデザインされた「LILY」(1970)である。アントチェア、セブンチェアから続く3次元成形合板の椅子の系譜の最終形だ。完璧な曲線美と座り心地を実現した

3-3 宙に浮く階段の秘密

3 | Arne Jacobsen

「SASロイヤルホテル」(1960) ホテルロビーの螺旋階段
次頁:「デンマーク国立銀行」(1978) メインロビーの階段

日本の建築基準法2条5号では、主要構造部とは「壁・柱・床・はり・屋根・階段」であると定義されている。階段が主要構造に入るのは、構築物の構造耐力からというより、建築を成立させるためには不可欠の要素だからである。実際、階段のデザインは家具や照明よりもインテリア空間のイメージを決定する。

したがって多くの建築家が階段のデザインにこだわった。アルネ・ヤコブセンもその一人だ。「SASロイヤルホテル」(1960)の螺旋階段は、ホテルロビーから2階のホールへ上りたくなるような、人を導く階段だ。「デンマーク国立銀行」(1978)のメインロビーの階段も6層吹抜け空間の上方へと視界を導くドラマティックな階段だ。どちらも軽やかなイメージがあるのは、踏面を「ささら桁」に載せるのではなく、丸鋼で上から吊るす構造による。一見華奢な「稲妻ささら」だが、実は厚み60mmの鉄の固まりであることに驚かされるだろう。

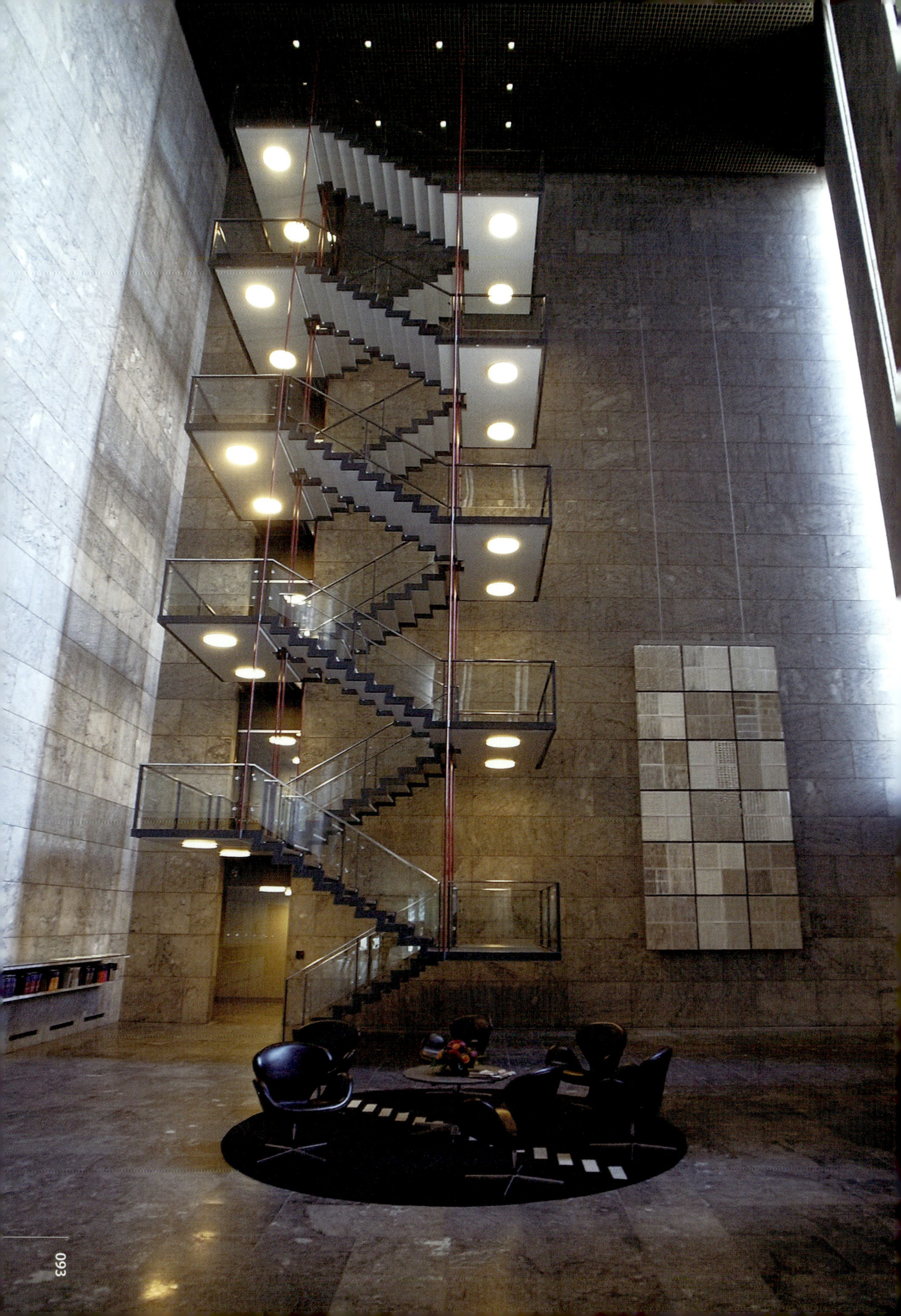

3-4 トータルパッケージとしての建築

3 | Arne Jacobsen

「クーブフレックス」(1970) トラポルトミュージアム

同内部　ヤコブセンのプロダクトで構成されている

　一般には建築というとその内部の家具や食器は含まない。しかし、生活の質を重視する北欧では、建築家みずから日々の暮らしを支えるインテリア・エレメントをデザインした。完璧主義のヤコブセンは目に優しい間接照明や、長く座っていても疲れない椅子、テーブルを飾るカトラリーやグラスや食器、毎日触れる取っ手や水栓の金具等のトータルデザインに挑んだ。

　「クーブフレックス」(1970) は、ヤコブセンが建築を量産可能なプロダクトとしてデザインしたものだ。コンセプトはオープンでフレキシブルな建築である。ラミネート加工した木のフレームをプレファブリケーションで組み立て、3.36メートル角の一部屋をユニットの基本形とする。必要に応じて4方向に組み合わせれば無限のバリエーションが生まれる。ヤコブセンはこの小さな家をサマーハウスやモーテルとして想定していた。商品化には至らなかったが、今こそヤコブセンの建築と製品を凝縮したパッケージとして商品化してはどうか。現在はトラポルトミュージアムの庭園に常設展示されている。

照明　　　　　　　　　水栓　　　　　　　　　カーテン

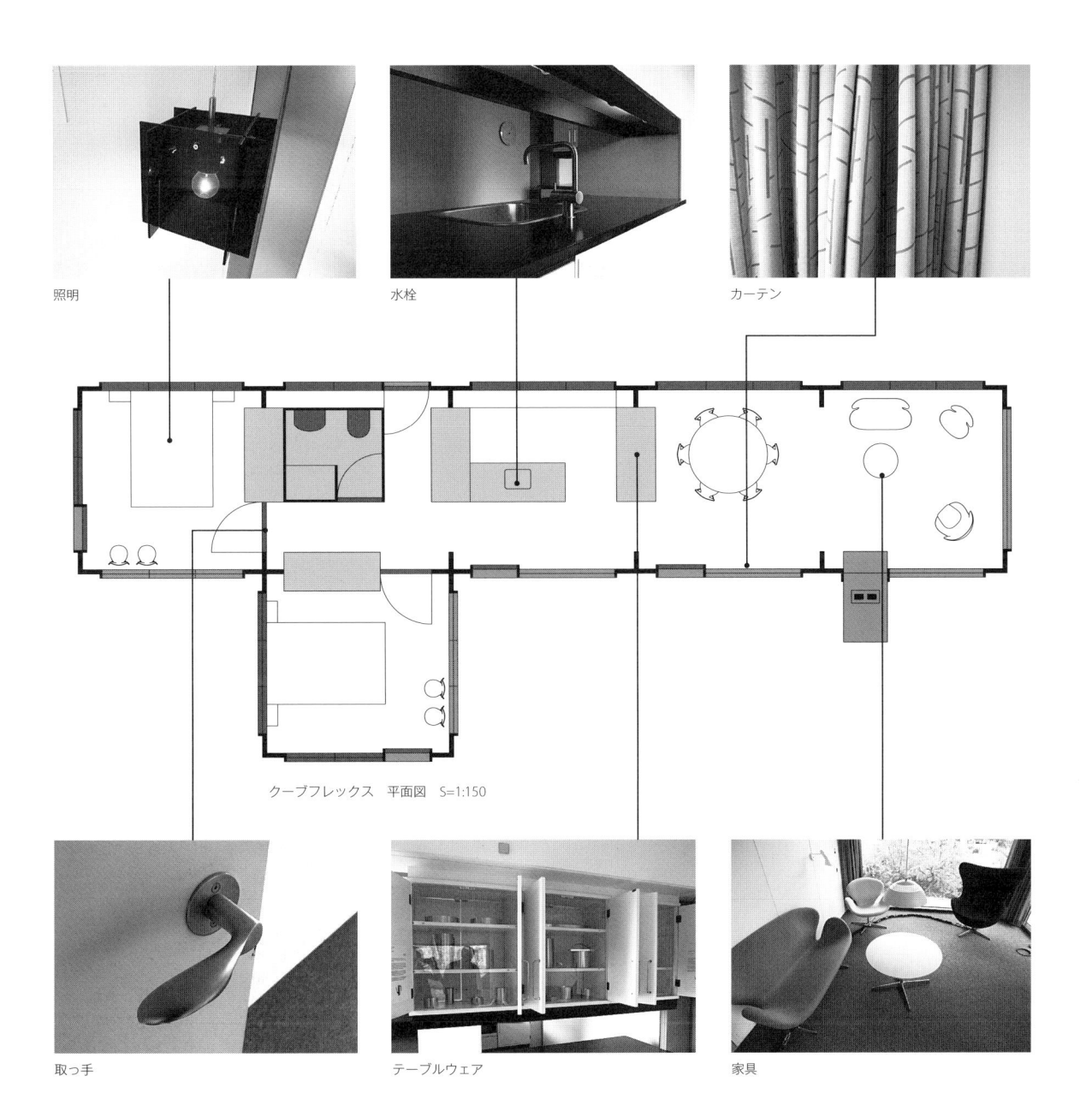

クーブフレックス　平面図　S=1:150

取っ手　　　　　　　　テーブルウェア　　　　家具

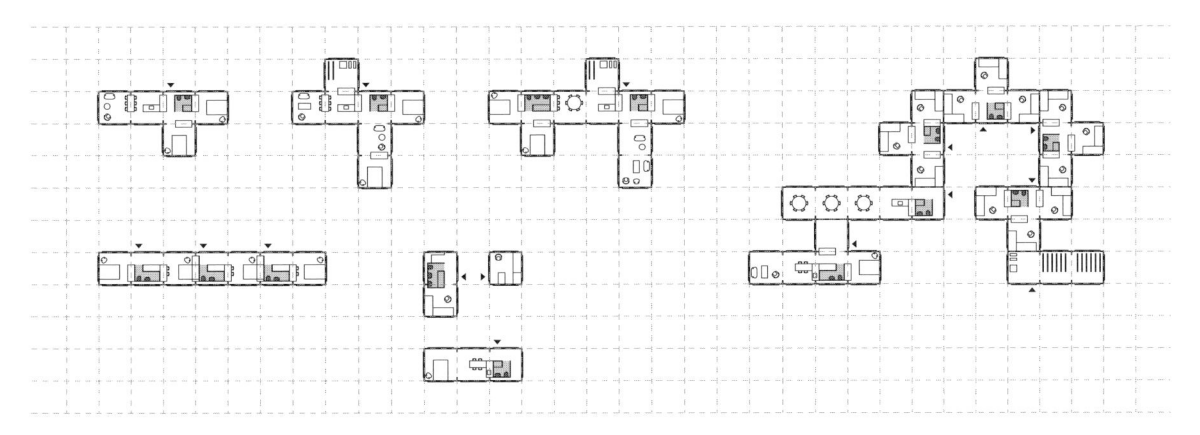

組合せ例　ユニットを組み合わせるとさまざまな平面構成が可能　S=1:1000

3-5 環境のトータルデザイン

3 | Arne Jacobsen

ベルビュー監視塔

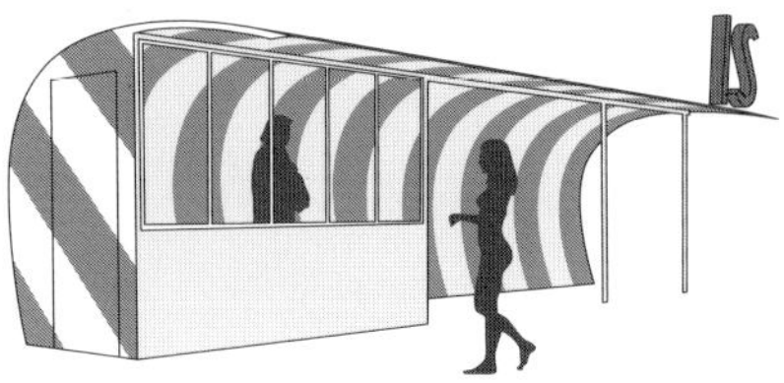

アイスクリームショップ

チケット売り場

シャワー・更衣室

アイスクリームワゴン

人間の営為は建築の内部にはとどまらず、外部空間においても展開される。建築家が真の意味でトータルデザインを手がけるには、室内では家具や照明や食器などのインテリア・エレメントをデザインし、都市空間ではサインや街灯のストリート・ファニチャーを計画する必要がある。

アルネ・ヤコブセンは1931年、29歳のときに高級リゾート開発のコンペに優勝した。白と水色のストライプをテーマカラーとした「ベルビュー海水浴場」（1932）を手始めに、海岸線に沿ってさまざまな建物を設計した。ヤコブセンは後にインタビュー映像で、「バラバラの建物をデザインするのは難しかったが、劇場、レストラン、乗馬学校、アパート、遊泳エリア、これらを同じコンセプトで統一させてみたかった」と語っている。トータルデザインでブランドの存在価値を高めていく手法をコーポレイト・アイデンティティという。時代を先読みしたヤコブセンの戦略は成功し、クラペンボーは30年代のモダニズムを凝縮した美しいリゾートとして現在も多くの人々で賑わっている。

マットソン乗馬クラブ（1934）

ベルビューシアター、レストラン・ヤコブセン（1937）

ベラヴィスタ集合住宅（1934）

テキサコ・ガソリンスタンド（1937）

ベルビュー　配置図　S=1:5000

1km先

3-6 リデザインというデザイン

3 | Arne Jacobsen

アントチェア（ヤコブセン、1952）

セブンチェア（ヤコブセン、1955）

椅子の系譜はリデザインの歴史そのものだ。素材とかたちの変遷を見ていこう。

マルセル・ブロイヤーは「ワシリーチェア」（1925）でバウハウスの機能主義を体現した。スチールパイプを曲げて皮を張り、弾力に富む椅子を実現した。第2世代としてミース・ファン・デル・ローエの「キャンティレバーチェア」（1927）、ル・コルビュジエの「LC1スリングチェア」（1928）が現れる。アールトはワシリーチェアを輸入して研究し、積層合板の成型と曲げ技法による第3世代の椅子を開発した。パイミオのサナトリウムに納めた「アールテック41」（1932）である。第4世代は、3次元成形合板の座面と背板によるチャールズ・イームズの「プライウッドラウンジチェアLCM」（1946）だ。ヤコブセンは座面と背面を世界で初めて一体化し、第5世代の「アントチェア」（1952）を開発した。そして「セブンチェア」（1955）が誕生する。セブンチェアは累計600万脚製造され、世界でもっとも売れた椅子となった。

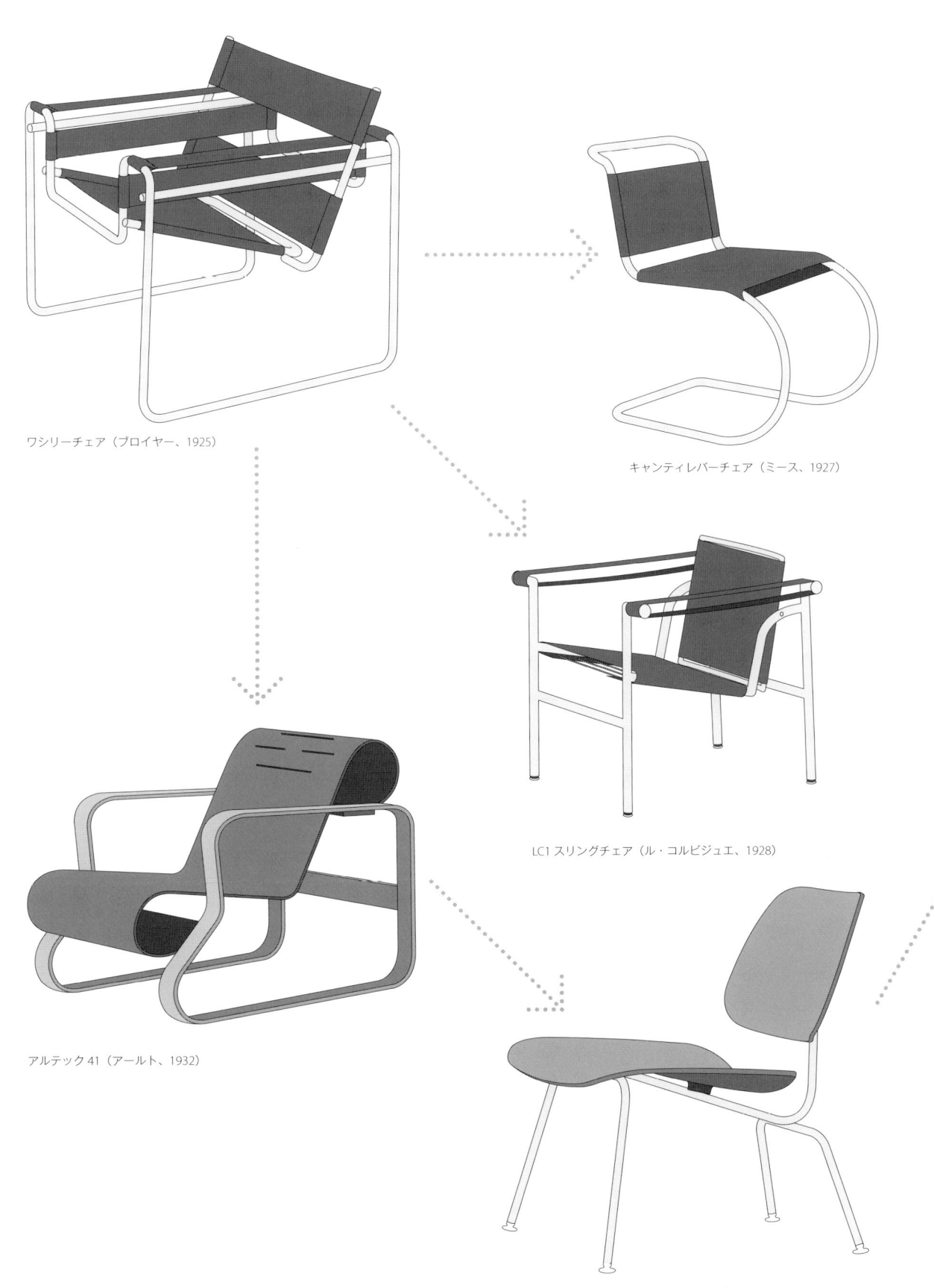

ワシリーチェア（ブロイヤー、1925）

キャンティレバーチェア（ミース、1927）

LC1 スリングチェア（ル・コルビジュエ、1928）

アルテック 41（アールト、1932）

プライウッドラウンジチェア LCM（イームズ、1946）

3-7 製品として生き続けるプロダクト

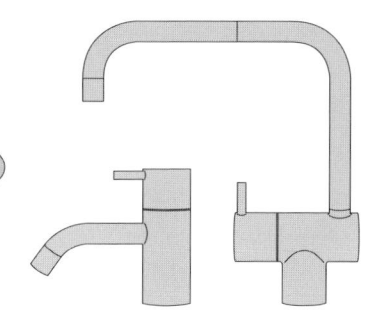

3 | Arne Jacobsen

ドアノブ・水栓

AJ DOOR HANDLE (1956)

VOLA SERIES (1969)

時計・テキスタイル

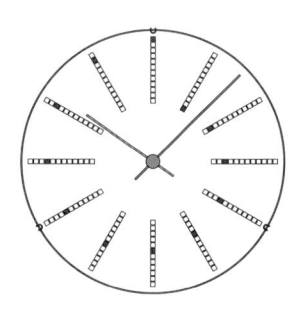

BANKER'S CLOCK (1970)

CITYHALL CLOCK (1956)

FABLIC DESIGN (1950)

アルネ・ヤコブセンはデンマークを代表する建築家である。しかし日本では家具やプロダクト・デザイナーだと思われている。その理由に、ヤコブセンがデザインした製品の数々が今でも製造され、流通していることが挙げられる。50年前のデザインでありながらまったく古くさいイメージはなく、むしろ今でも斬新な印象を受ける。

建築と家具の大きな違いは、原型を大量生産できるか否かにある。たとえ、ヤコブセンが設計した「SASロイヤルホテル」や「デンマーク国立銀行」に一度も足を踏み入れたことがなくても、どこかでエッグチェアやバンカーズクロックを目にするチャンスはあるだろう。こうして、良質なデザインに宿った建築家の思想はミーム（文化を伝達する概念）として世界中で生き続ける。

ヤコブセンは、「理論的な建物はすぐに古くなり、我々が今生きている世界との関係を失う」と言って直感を重視した。また、石膏モデルを自ら削りながら手の感触で椅子のスタイリングを決定した。人間の普遍的な感性に訴える感覚こそ、時代を超えるデザインの秘訣だろう。

家具

CHAIR 3100 THE ANT (1952)

SERIES 7 (1955)

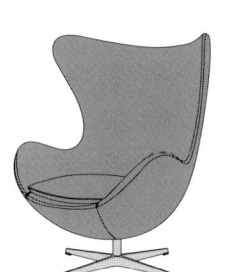

EASY CHAIR 3316, THE EGG (1958)

EASY CHAIR 3320, THE SWAN (1958)

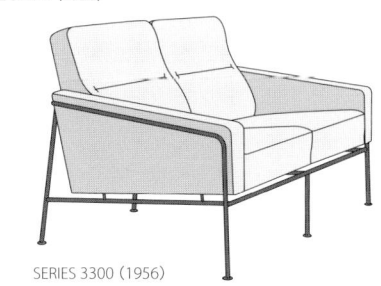

SERIES 3300 (1956)

照明

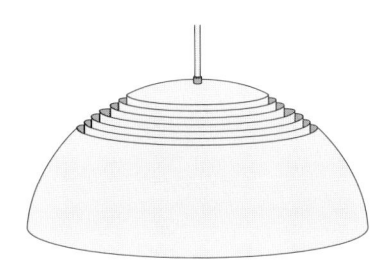

AJ CEILING LIGHT (1957)

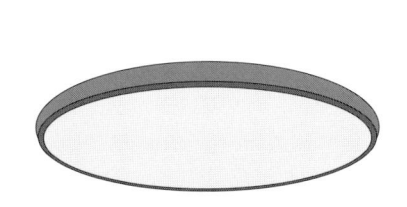

MUNKEGAARD (1955)

AJ LIGHT (1957)

テーブルウエア

CYLINDA SERIES (1967)
Teapot

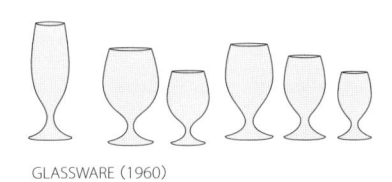

GLASSWARE (1960)

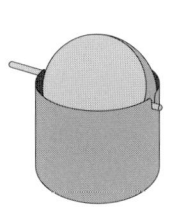

CYLINDA SERIES (1967)
Ashtray

CYLINDA SERIES (1967)
Water jag

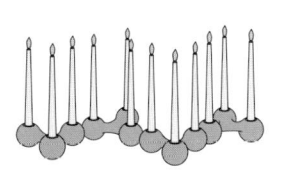

AJ FLATWARE (1957)

TABLE ELEMENTS (1958)
Candleholder

3-8 オルタナティブを出し尽くせ

「SASロイヤルホテル（現ラディソンブルーロイヤルホテル）」（1960）

デザインには無限の解答が存在する。最良の結果を探るには代案を出し尽くして議論する必要がある。この代案を建築設計ではオルタナティブという。

「SASロイヤルホテル（現・ラディソンブルーロイヤルホテル）」（1960）の設計で、ヤコブセンはオルタナティブを検討した。高層棟の形状は客室数によって収益に影響する。分棟による構成やエレベーター・シャフトの位置などの検討を繰り返し、最終的にシンプルなガラスの直方体に落ち着いた。室内と外壁の色には、コペンハーゲンに多く見られる屋根の色から青緑を選んだ。ヤコブセンは空と雲が常に映り込むように開かないガラス窓の構成を望んだが、換気を考慮してその案は中止となった。宿泊客が自由に客室の窓を開け閉めした結果、市民はこのホテルの外見を「出勤時に使うパンチカードのようだ」と揶揄した。

デンマーク初のガラスの高層ビルは、伝統的な街並を好む多くの市民には馴染みがたいものだった。しかしパリにエッフェル塔が建ったときと同様に、強く拒絶された後に市民の誇る建築となった。

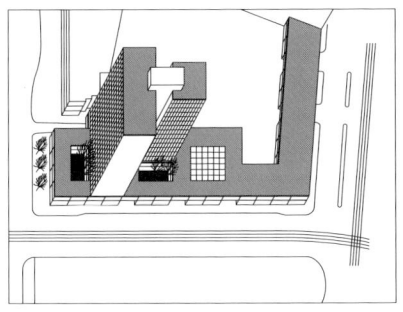

ボリュームスタディのオルタナティブ−1

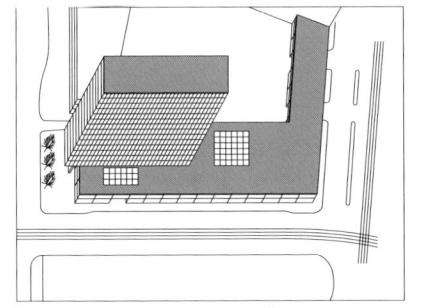

ボリュームスタディのオルタナティブ−2

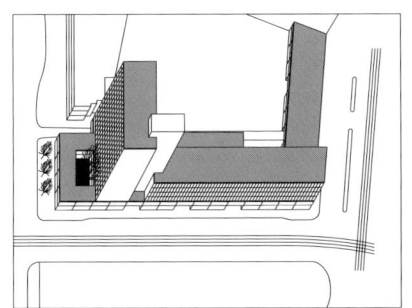

ボリュームスタディのオルタナティブ−3

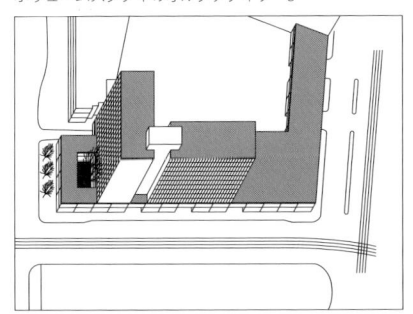

ボリュームスタディのオルタナティブ−4

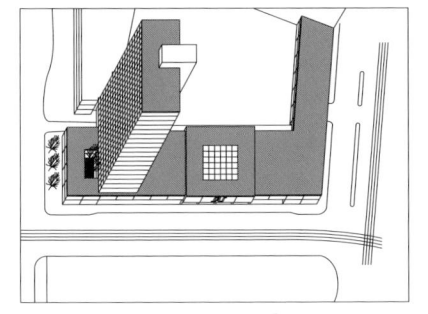

ボリュームスタディのオルタナティブ−5

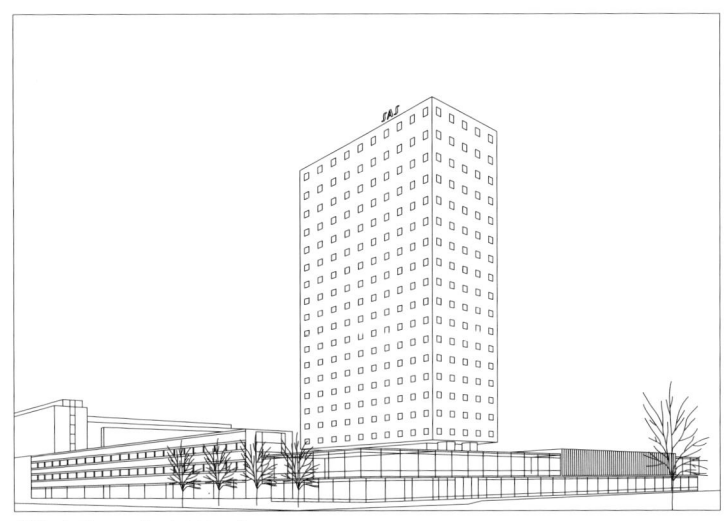

外観スタディーのオルタナティブ−1

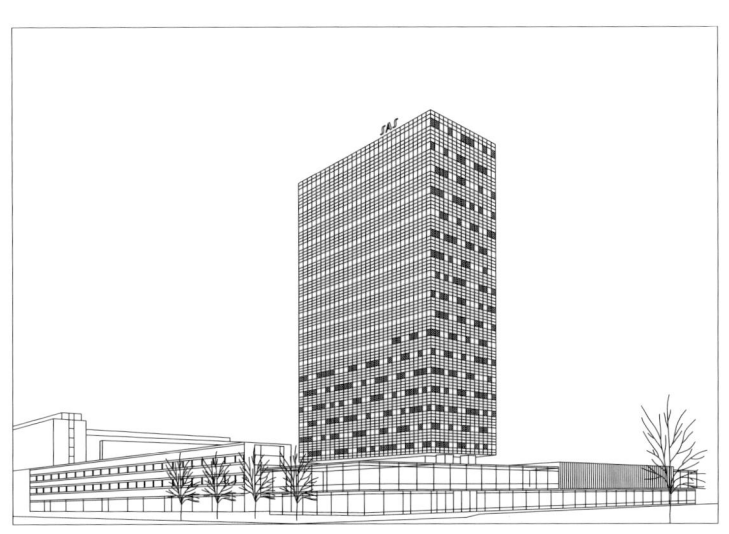

外観スタディーのオルタナティブ−2

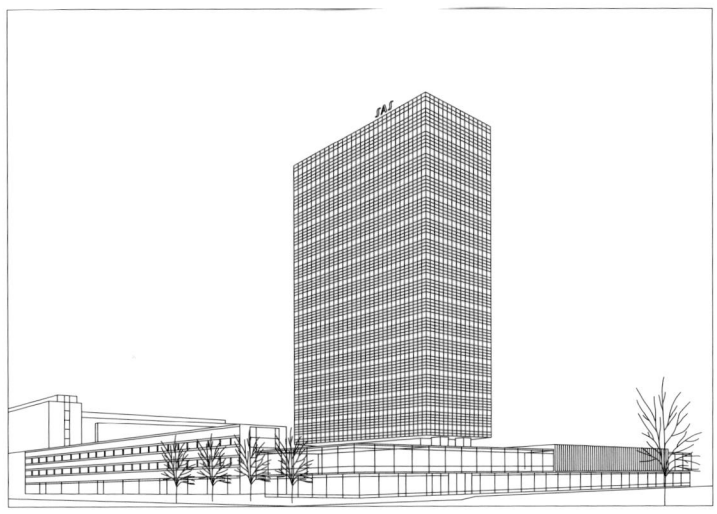

外観スタディーのオルタナティブ−3

3-9 建築の機能を併せもつ家具

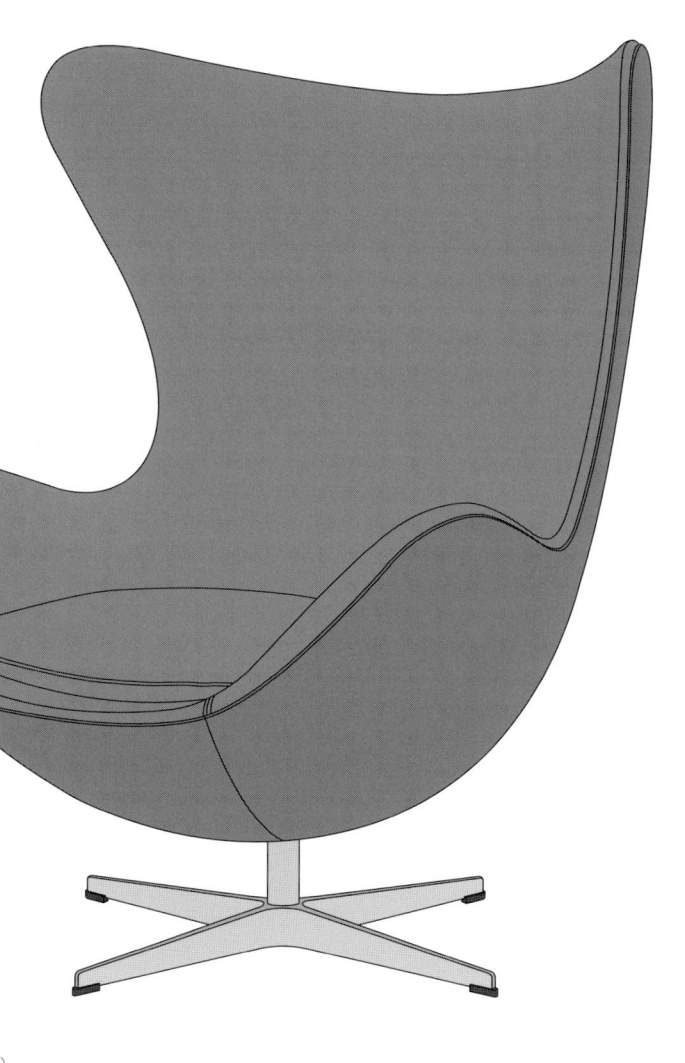

3 | Arne Jacobsen

「エッグチェア」(1958)

ヤコブセンは建築の機能を併せもつ家具を実現した。「SASロイヤルホテル」(現ラディソンブルーロイヤルホテル)(1960)のロビーに置くためにデザインしたエッグチェアには、椅子としての機能だけでなく、建築の間仕切りと同様に空間を分節する役割がある。

この椅子に腰掛けると、まるで体全体が卵の殻ですっぽりと包まれたような感覚を味わえる。頭の両脇はヘッドレストで覆われ、左右の音と視界はさえぎられる。ロビーのざわめきの中において半個室を確保したのも同然だ。

この椅子に座った人はなかなか立ち上がろうとしない。大きく丸みを帯びたフォルムは人をリラックスさせる。携帯電話で話すときや、たばこを吸うときには回転して後ろを向けば、隣り合う人の邪魔にはならない。ヤコブセン自身がエッグチェアに座って葉巻を楽しむ写真が残されている。

エッグチェアは決して安価ではないが、家具ではなくパーソナルスペースを確保する建築を購入すると考えれば高くない買い物である。

円形のラグと「スワンチェア」(1958)が人の居場所を明示する

「エッグチェア」と「スワンチェア」は、ホテルロビーに異なる場所を演出する。
前者はプライバシーの高い囲まれた空間、後者は開放的な空間をつくる

ヤコブセンのSAS606号室宿泊案内

Column 03

3 | Arne Jacobsen

1960年にスカンジナビア航空（SAS）のホテルとして完成した「SASロイヤルホテル」は、カールソンのホテルチェーン傘下に入り、現在は「ラディソンブルーロイヤルホテルコペンハーゲン」という名称に変わった。しかし、アルネ・ヤコブセンが思い描いたモダンかつラグジュアリーな雰囲気は今日まで受け継がれている。中央駅から北に徒歩5分、ヴェスターポート駅からは2分、旧市街ストロイエやチボリ公園にも近く、ビジネスにも観光にも便利なロケーションを誇る5つ星ホテルだ。

シングルルームにもスワンチェアとAJライトが置いてあるが、ヤコブセンのもてなしの精神を隋所に味わいたいなら、アルネヤコブセン・スイートに泊まりたい。月に3件ほど世界各国の建築家から予約があるという。6階の606号室には、青緑色のソファ、ベッド、シャワールーム、トイレなどすべての内装が当時のままに保たれている。宿泊客はリクエストすればこの部屋を見学することは出来るが、室内に腰掛けることは出来ない。堪能するにはぜひとも宿泊する必要がある。部屋に入るとなぜか懐かしい思いに駆られる。淡

い青緑の壁やソファから漂う雰囲気は1960年代そのものだ。ヤコブセンはこの色彩を、ホテルから周囲を見下ろしたときに広がる緑青の屋根から周囲を見下ろしたときに広がる緑青の屋根から周囲を選んだ。いろいろな椅子に腰かけて座り心地を比べたあと、エッグチェアに包まれて室内を見渡せば、窓から差し込む光が刻々とその向きを変えていく。この部屋に限らず、ロイヤルホテルの部屋はどこも日当たりが良い。周囲には太陽をさえぎる高層建築がないことに加えて、606号室ではリビングと寝室を水平連続窓が貫いている。試しにエッグチェアのシートをめくってみると、日焼けする前の濃い青緑色が残っていた。
部屋の周囲は床から少し上までの帯状の木で仕上げられている。鏡と照明を内蔵した化粧台、キャンティレバースタイルのベッドサイドテーブルや、可動式のランプ、暖房設備がすべてこの高さに納められているのが興味深い。トイレとつながったバスルームは白いタイル張りだ。年代物で簡素だという印象は否めないが、衛生的である。
街を散策した後、夕食は1階のカフェロイヤルで楽しむのも一興だ。道行く人をガラス越しに眺めたり、柱を囲むロイヤルランプを眺めたりして夜は更けていく。部屋に戻ればテーブルの上にはヤコブセンが好んだ蘭の花の鉢植えと、ウェルカムフルーツ、チョコレート、赤ワインが用意されている。ベッドの寝心地はごく普通だ。ヨーロッパでよく見る昔ながらのシングルベッドの寸法で出来ている。

107

朝食は606号室の宿泊料金に含まれているので、最上階のレストラン、アルベルトKに向かう。黒い革張りのセブンチェアに腰掛けて、デンマークでトップクラスのビュッフェを楽しめる。フォークやスプーン、ペッパーミル、コーヒーポット、グラスまですべてヤコブセンのデザインだ。このホテルが出来た当時、市民はデンマーク初の異質な高層ビルを揶揄する一方で、競ってエレベーターで最上階に登り、隣国スウェーデンまで見渡せる地上70mの眺めを楽しんだという。その高揚感は、現代を生きる私たちにも伝わってくる。606号室の宿泊からコペンハーゲンの過去と現在の邂逅を味わいたい。

勤続40年のセールスマネージャーのポール・ラーセンさんは言う。「私が勤め始めたころ、SASホテルの不要な椅子をもらって家に持ち帰ったのですが、妻は見向きもせず庭の隅に置くだけでした。でも、ある時期から綺麗にして居間に置き始めたのです」。その時期を尋ねると、「デンマークがブランドに焦点を当てた1986年ごろです。ヤコブセンはもともと有名でしたが、国際的な競争力と価値があると見直されたのです」と教えてくれた。

Radisson Blue Royal Hotel Copenhagen

［住所］Hammerichsgade 1 DK-1611 Copenhagen, Denmark
［アクセス］コペンハーゲン中央駅から徒歩5分
42m²、ツインルーム、テレビ、ワイヤレス高速インターネット、バスローブとスリッパ、アイロン、ミニバー、コーヒーと紅茶、ズボンプレス、エキストラベッドは不可

予約方法
1泊5,500デンマーククローネ
（2013年3月レートで91,688円）
Tel:+45 3342 6000
Fax:+45 3342 6100

4
epilogue

おわりに／3人の巨匠の作品を巡る旅

4-1 北欧3国を巡る旅

4 | epilogue

アーティスト・イン・レジデンス：Arteles Creative Residency Program（www.arteles.org）
海外レンタカー：国際免許証とクレジットカードが必要。
タリンクシリヤライン：バルト海を結ぶフェリー。ヘルシンキやトゥルクとストックホルム間を運行。

[所要時間]
成田空港→ヘルシンキ空港
✈：10時間15分
ヘルシンキ空港→タンペレ空港
✈：35分
トゥルク→ストックホルム
🚢：10時間
ストックホルム駅→ヨーテボリ駅
🚆：3時間
ヘルシンキ空港→コペンハーゲン空港
✈：1時間35分
コペンハーゲン駅→オーフス駅
🚆：3時間35分

本書で3人の巨匠のデザインの片鱗に触れたら、次はぜひ現地を訪ねてみてほしい。ヘルシンキは日本から見て最短距離にあるヨーロッパだ。10時間のフライトで着く。

筆者は、2012年8月に北欧3カ国を調査した。レンタカー、フェリー、飛行機、鉄道でめぐったひと月の旅程を紹介しよう。まず成田からヘルシンキ空港を経由してタンペレ空港に向かう。空港でカーナビ付きレンタカーを借りた。目的地に確実にたどり着くためには所在地のデータとカーナビは必携である。タンペレのアーティスト・イン・レジデンスに荷物を置いて、資料整理や生活の拠点とし、はじめにアールトの建築を見て回った。ヘルシンキ、ユヴァスキュラ、トゥルクはそれぞれ車で3時間の距離にある。次にアスプルンドの作品を巡るため、トゥルクからフェリーでストックホルムへ向かった。ストックホルムからヨーテボリの間は鉄道で往復した。ストックホルムとヨーテボリの間は鉄道で往復した。ストックホルムからヨーテボリの間は鉄道で往復した。別料金を払えば車ごと車に載せてくれる。最後に、ヘルシンキから空路でデンマークのコペンハーゲンに移動してヤコブセンの作品を訪ねた。コリンやオーフスには鉄道とバスを組み合わせて行った。

●**フィンランド**
ヘルシンキ（Helsinki）……首都。アールトの建物が集中している。
タンペレ（Tampere）……ヘルシンキから北西に170km、ムーミン谷博物館で有名。
ユヴァスキュラ（Jyväskylä）……ヘルシンキから北に270km、アールト美術館がある。
トゥルク（Turku）……ストックホルムへのアクセスに便利。

●**スウェーデン**
ストックホルム（Stockholm）……首都。アスプルンド設計の図書館と墓地は必見。
ヨーテボリ（Göteborg）……西海岸の都市。ヨーテボリ裁判所やカール・ヨーハン学校がある。

●**デンマーク**
コペンハーゲン（Copenhagen）……首都。SASホテルがランドマーク。
オーフス（Århus）……ヤコブセン設計の市庁舎がある。

❶ タンペレ空港／レンタカー

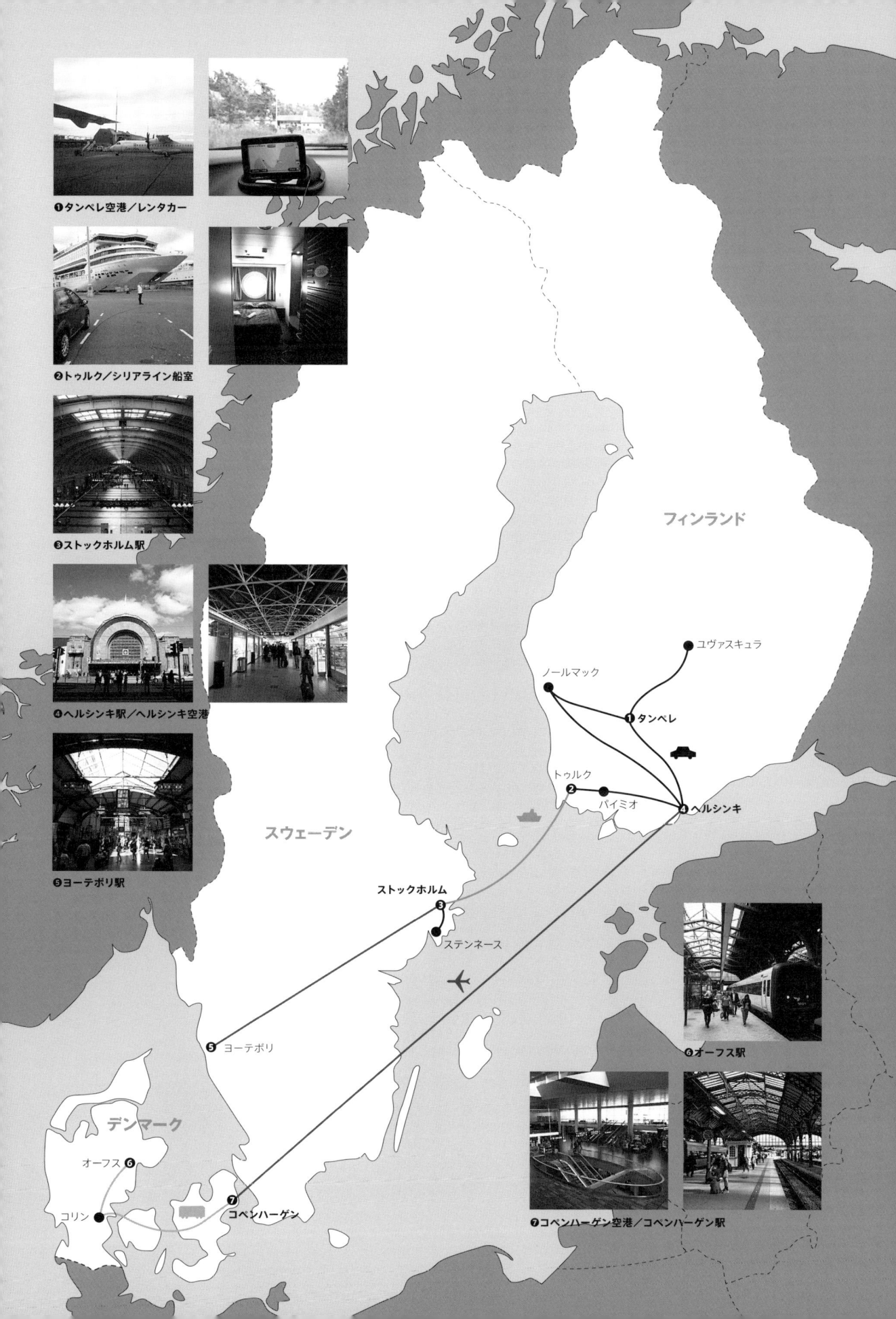

❷ トゥルク／シリアライン船室

❸ ストックホルム駅

❹ ヘルシンキ駅／ヘルシンキ空港

❺ ヨーテボリ駅

❻ オーフス駅

❼ コペンハーゲン空港／コペンハーゲン駅

フィンランド

ユヴァスキュラ
ノールマック
❶ タンペレ
トゥルク
❷ パイミオ
❹ ヘルシンキ

スウェーデン

ストックホルム ❸
ステンネース

❺ ヨーテボリ

デンマーク

オーフス ❻
コリン
❼ コペンハーゲン

4-2 グンナール・アスプルンド／スウェーデン

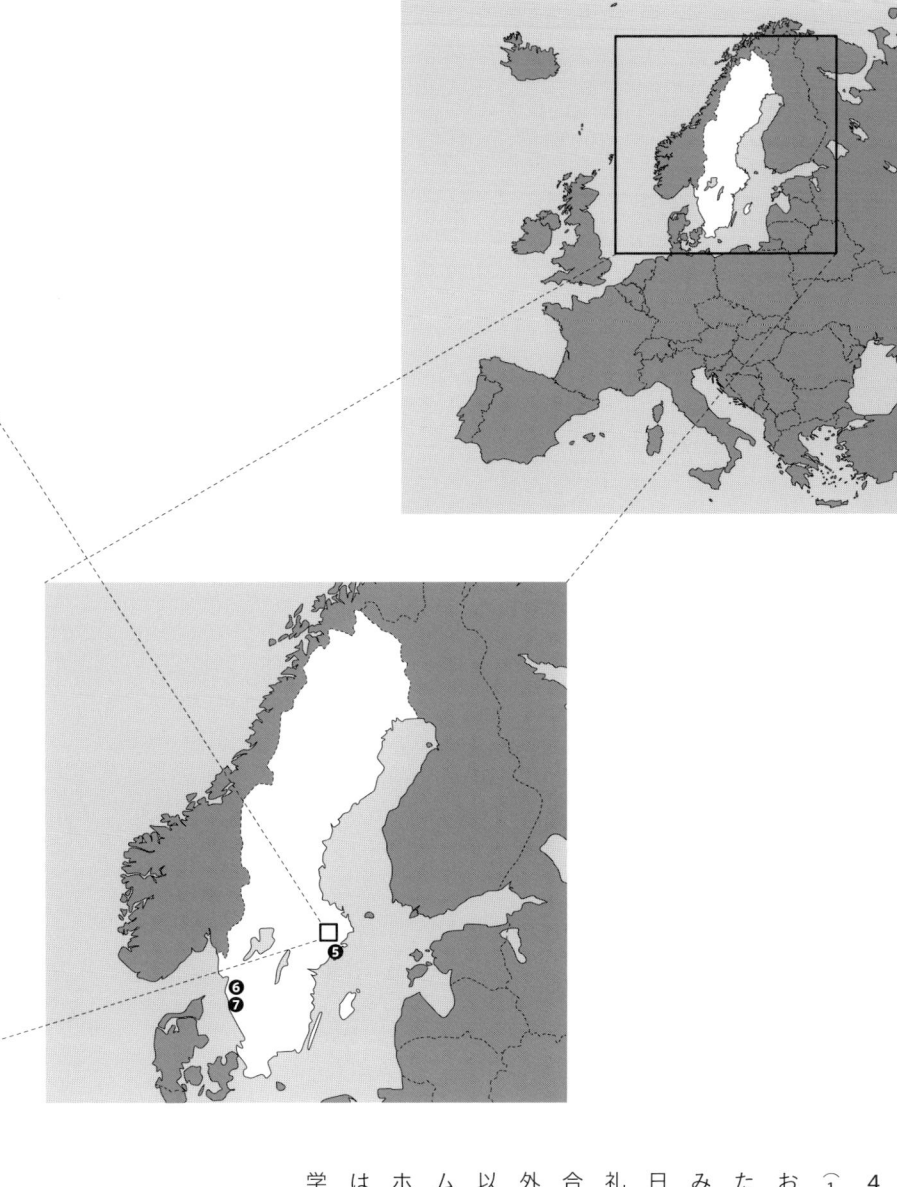

4 | epilogue

アスプルンドの建築を見学するには少なくとも4日が必要だ。初日は「ストックホルム市立図書館」（1928）に行き、新古典主義のディティールを味わおう。中心街のドロットニング通りには靴店になった「ブレーデンベリ・デパート」（1935）と、週末のみ開く「スカンディア・シネマ」（1923）がある。翌日は世界遺産に認定された「森の墓地」（1940）へ。礼拝堂では毎日葬儀が行われており、タイミングが合えば葬儀の前後に内部を見学できる。3日目は郊外に足を伸ばし、予約した「夏の家」（1937）へ。夏以外の季節にも宿泊できる。4日目はストックホルムに戻り、ラグナル・エストベリ設計の「ストックホルム市庁舎」（1923）を見学する。アスプルンドはエストベリの空間計画から軸の傾きや斜めの壁を学んだ。この手法はアールトにも受け継がれている。

114

❶ブレーデンベリ・デパート (1935)
❷スカンディア・シネマ (1923)  
❸ストックホルム市立図書館 (1928)  
❹森の墓地 (1940)  
❺夏の家 (1937)  
❻ヨーテボリ裁判所増築 (1937) 
❼カール・ヨーハン学校 (1924)

4-3 アルヴァ・アールト／フィンランド

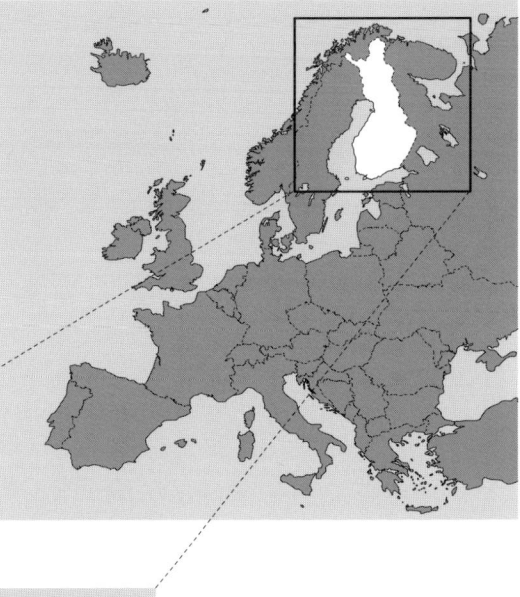

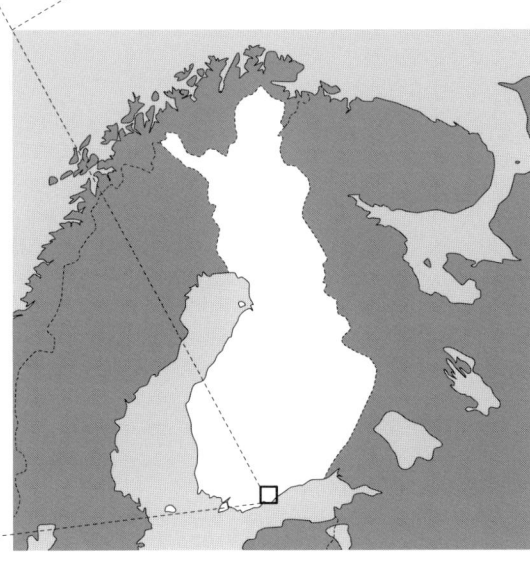

ヘルシンキを4日でまわるプランを紹介する。初日はエスプラナードの観光案内所に行き、アールトの建築マップを手に入れよう。ランチを軽く済ませる場合は「アカデミア書店」(1969) のカフェ・アールトへ。予算に余裕があれば「レストラン・サヴォイ」(1937) で美食を楽しみつつ、家具、照明、花瓶、内装のトータルデザインを見学する。食後は地図を片手に市内のアールト建築をめぐろう。かなりの数があるので半日はかかる。どれがアールトの建築か判別しにくい場合はドアの取っ手を確認する。「ラウタタロ・オフィス・ビル」(1955) で初めてデザインした真鍮の取っ手がどの建物にもついている。2日目はアールト財団のウェブで予約しておいた、「スタジオ」(1956) と「自邸」(1936) をはしごする。帰りに「フィンランディアホール」(1971) にも寄ってみよう。3日目は穴場の「フィンランド国民年金協会」(1956) へ。平日午後2時から行われるガイドツアーは、無料とは思えないほど充実している。4日目はバスでオタニエミの「ヘルシンキ工科大学」(1969) に行く。

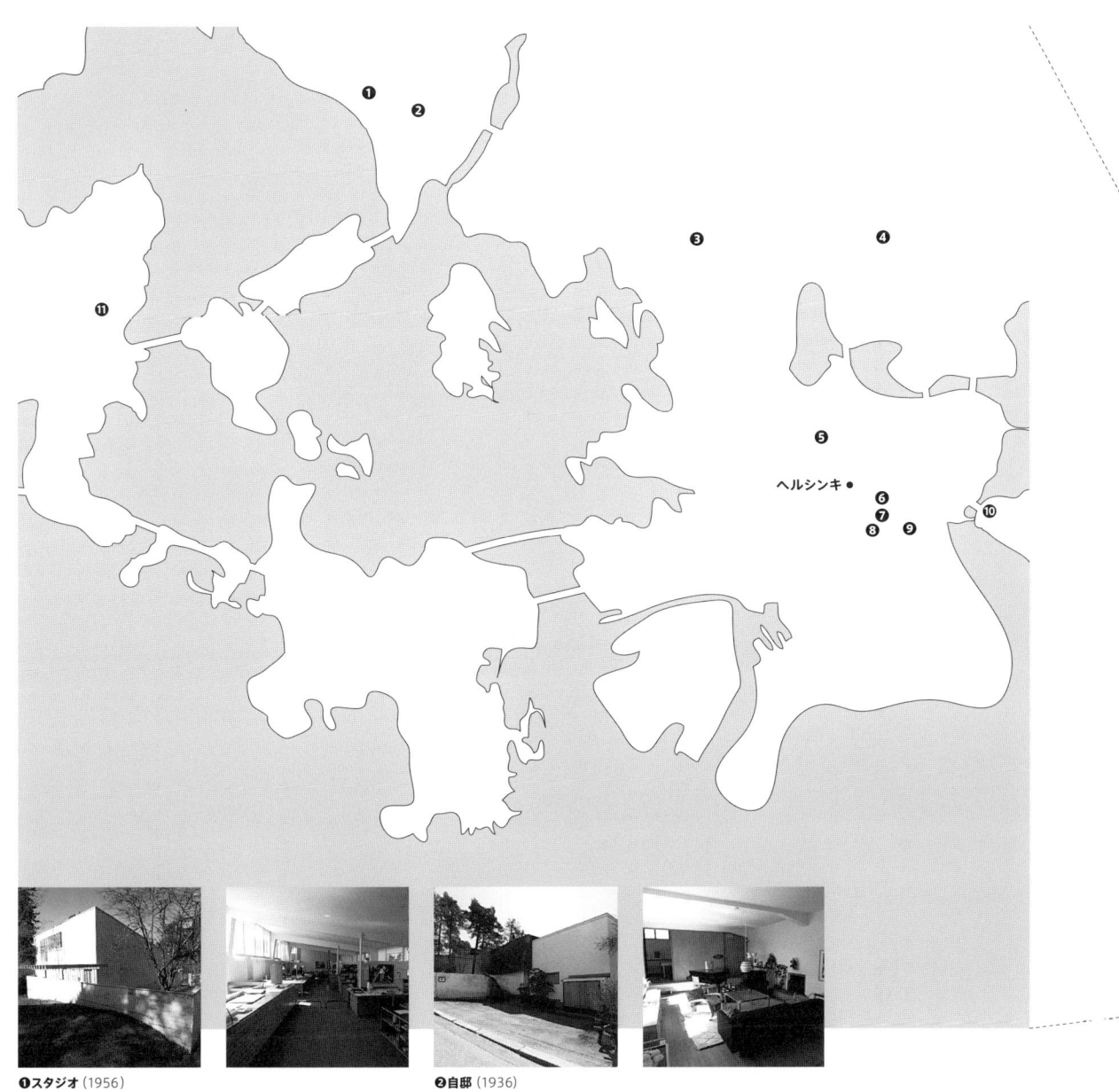

❶ スタジオ (1956)

❷ 自邸 (1936)

❸ フィンランド国民年金協会 (1956)

❹ 文化の家 (1958)

❺ フィンランディアホール (1971)

❻ ラウタタロ・オフィス・ビル (1955)

❼ アカデミア書店 (1969)

❽ エロッタヤ・パビリオン (1951)

❾ レストラン・サヴォイ (1937)

❿ エンソ・グートツァイト本社ビル (1962)

⓫ ヘルシンキ工科大学 現アールト大学 (1969)

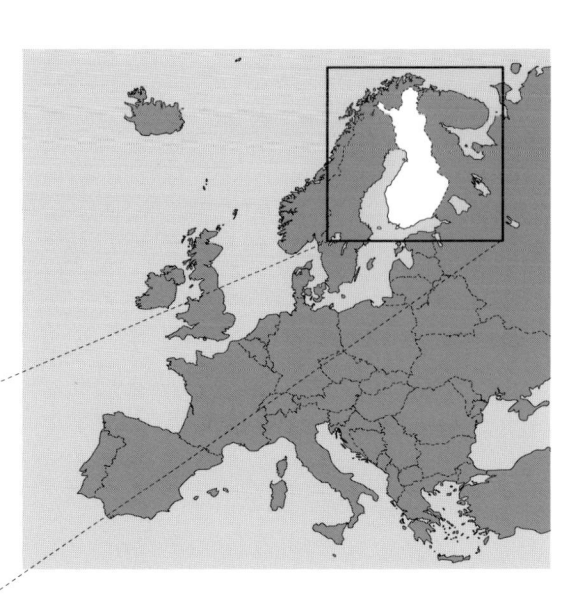

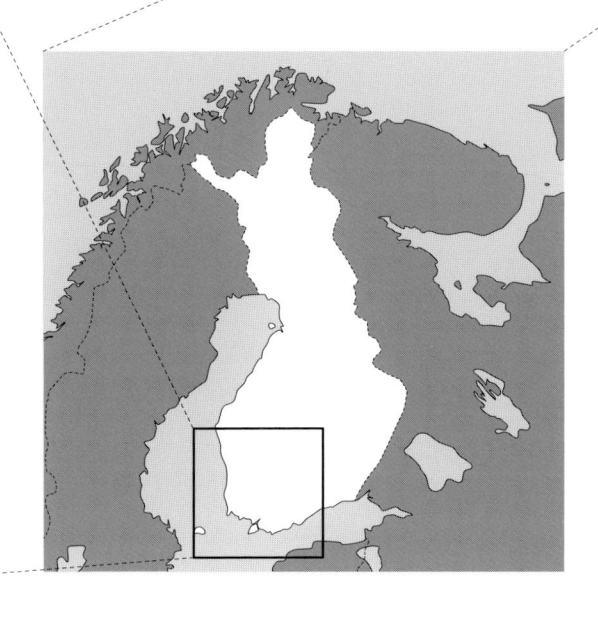

アールトの作品はフィンランド中に点在しているが、2都市目にはアールトが幼少期を過ごし、後に事務所を開設したユヴァスキュラを奨める。「アルヴァ・アールト美術館」(1973)は展示が充実しているし、併設のカフェも家具や照明、グラスまでアールトづくしだ。ミュージアムショップでは折り畳み式のアールトマップを購入しよう。国内外の代表作品の住所と連絡先を網羅していて便利だ。この隣には「中部フィンランド美術館」(1960)が並ぶ。脇の階段を上がって行くと「ユヴァスキュラ教育大学」(1957)のキャンパスが広がる。本館には本書で取り上げた柱がある。翌日はバスで南下してパイヤネン湖の小島にある「セイナッツァロの役場」(1952)に行く。この先は予約が物を言う。タウンホールのゲストルームにチェックインし、6〜9月なら1時半からガイドツアーを実施している、ムーラッツァロの「実験住宅」(1953)を見学する。

2都市目にはノールマックの「マイレア邸」(1939)や、「パイミオのサナトリウム」(1933)がはずせない。各1日ずつ旅程を組みたい。

ユヴァスキュラ
⑭ ⑬ ⑫
⑮
⑯
⑰

ノールマック
⑱

トゥルク パイミオ
⑲ ⑳

ヘルシンキ

⑫ 労働者会館 (1925)
⑬ ユヴァスキュラ教育大学 (1957) 
⑭ 中部フィンランド美術館 (1960) 
⑮ アルヴァ・アールト美術館 (1973) 
⑯ セイナッツァロの役場 (1952) 
⑰ 実験住宅 (1953) 
⑱ マイレア邸 (1939) 
⑲ トゥルン・サノマット新聞社 (1930) 
⑳ パイミオのサナトリウム (1933)

4-4 アルネ・ヤコブセン／デンマーク

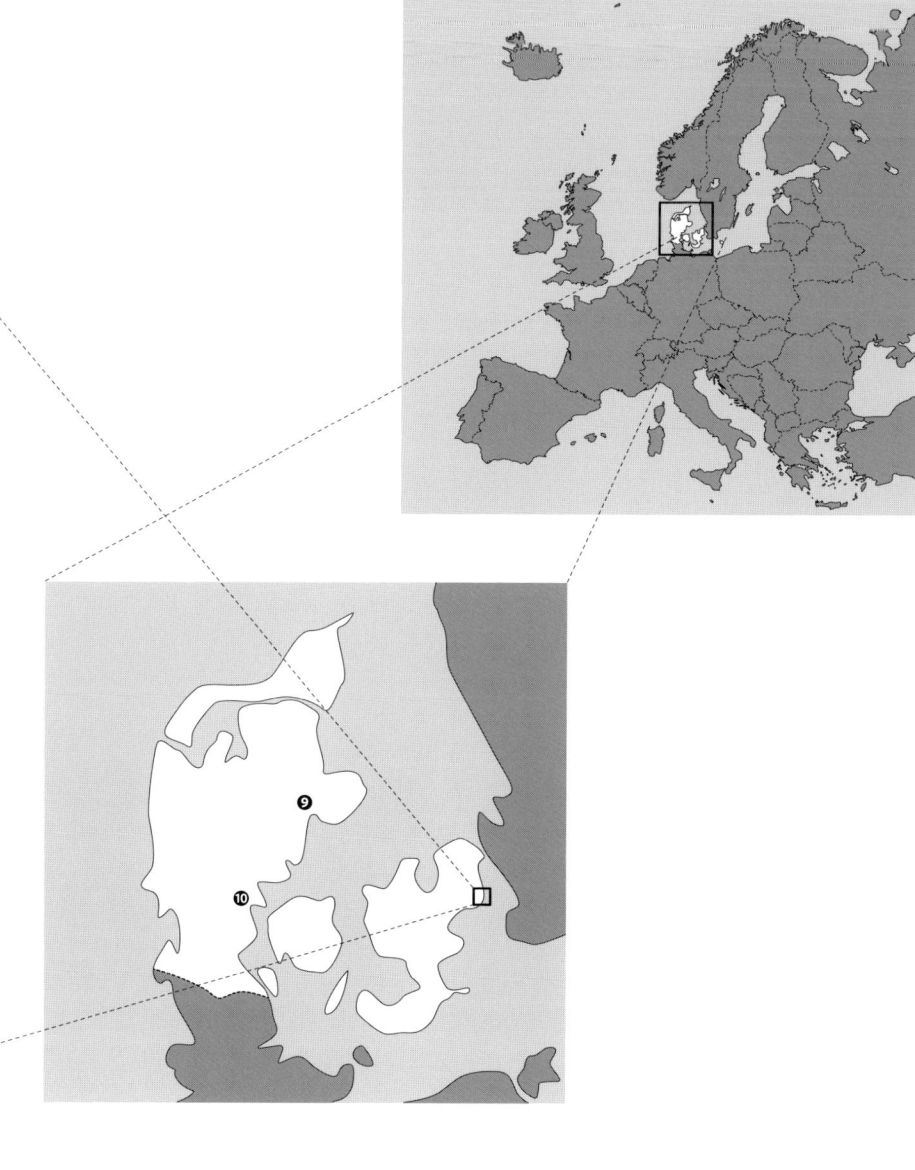

ヤコブセンの建築は各地に点在している。コペンハーゲンを中心に組む3日間の旅程を紹介する。「SASロイヤルホテル（現ラディソン・ブルー・ロイヤルホテル）」（1960）にチェックインしたら「デンマーク国立銀行」（1978）に向かう。メインロビーは誰でも見学が可能だ。翌日は日帰りでクラペンボーを散策する。「マットソン乗馬クラブ」（1934）を訪ねたらベルビュービーチへ。「レストラン・ヤコブセン」（1937）のブランチはボリュームがある。海岸沿いを歩いて「ベラヴィスタ集合住宅」（1934）、「スーホルム集合住宅」（1950）を過ぎれば、「テキサコ・ガソリンスタンド」（1937）を見学する。3日目はトラポルト美術館で「クーブフレックス」（1970）を見学する。列車でオーフスに移動したら駅横のインフォメーションセンターで翌日のガイドツアーを頼んでおき、オーフスに泊まる。最終日は「オーフス市庁舎」（1942）を見学。ガイド代は高いが、時計塔や議場に入れるうえ、英語で丁寧に説明してもらえる。

❶ SAS ロイヤルホテル　現ラディソン・ブルー・ロイヤルホテル (1960)

❷ デンマーク国立銀行 (1978)

❸ マットソン乗馬クラブ (1934)

❹ ベルビューシアター、レストラン・ヤコブセン (1937)

❺ ベラヴィスタ集合住宅 (1934)

❻ ベルビュー海水浴場 (1932)

❼ スーホルム集合住宅 (1950)

❽ テキサコ・ガソリンスタンド (1937)

❾ オーフス市庁舎 (1942)

❿ クーブフレックス (1970)

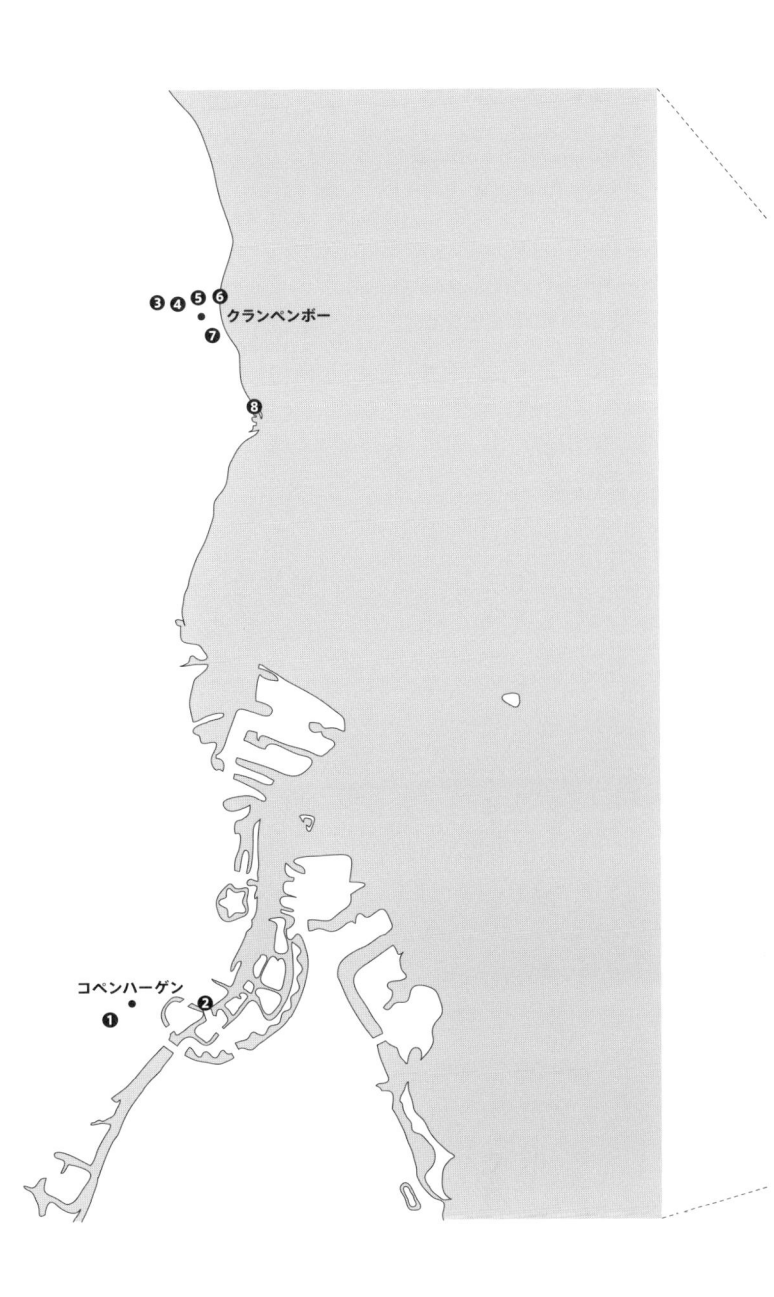

クランペンボー

コペンハーゲン

本書に掲載した作品リスト

Gunnar Asplund　　　　　　　　　　　　　　　　　　グンナール・アスプルンド

森の礼拝堂（1920）　　　　　　　　　　　ブレーデンベリ・デパート（1935）
スカンディア・シネマ（1923）　　　　　　夏の家（1937）
カール・ヨーハン学校（1924）　　　　　　ヨーテボリ裁判所増築（1937）
ストックホルム市立図書館（1928）　　　　森の火葬場・森の墓地（1940）

Alvar Aalto　　　　　　　　　　　　　　　　　　　　アルヴァ・アールト

労働者会館（1925）　　　　　　　　　　　ユヴァスキュラ教育大学（1957）
トゥルン・サノマット新聞社（1930）　　　文化の家（1958）
パイミオのサナトリウム（1933）　　　　　中部フィンランド美術館（1960）
ヴィープリの図書館（1935）　　　　　　　エンソ・グートツァイト本社ビル（1962）
自邸（1936）　　　　　　　　　　　　　　ヘルシンキ工科大学／現アールト大学（1969）
レストラン・サヴォイ（1937）　　　　　　アカデミア書店（1969）
マイレア邸（1939）　　　　　　　　　　　フィンランディアホール（1971）
エロッタヤ・パビリオン（1951）　　　　　アルヴァ・アールト美術館（1973）
セイナッツァロの役場（1952）
実験住宅（1953）　　　　　　　　　　　　アルテック 41（1932）
ラウタタロ・オフィス・ビル（1955）　　　CHAIR 31/42（1932）
スタジオ（1956）　　　　　　　　　　　　STOOL 60（1933）
フィンランド国民年金協会（1956）

Arne Jacobsen　　　　　　　　　　　　　　　　　　　アルネ・ヤコブセン

ベルビュー海水浴場（1932）　　　　　　　CITYHALL CLOCK（1956）
マットソン乗馬クラブ（1934）　　　　　　AJ DOOR HANDLE（1956）
ベラヴィスタ集合住宅（1934）　　　　　　SERIES 3300（1956）
ベルビューシアター、レストラン・ヤコブセン（1937）　AJ LIGHT（1957）
テキサコ・ガソリンスタンド（1937）　　　AJ CEILING LIGHT（1957）
オーフス市庁舎（1942）　　　　　　　　　AJ FLATWARE（1957）
スーホルム集合住宅（1950）　　　　　　　エッグチェア（1958）
SASロイヤルホテル／現ラディソン・ブルー・ロイヤルホテル　スワンチェア（1958）
（1960）　　　　　　　　　　　　　　　　キャンドルホルダー（1958）
クーブフレックス（1970）　　　　　　　　GLASSWARE（1960）
デンマーク国立銀行（1978）　　　　　　　CYLINDA SERIES Ashtray（1967）
　　　　　　　　　　　　　　　　　　　　CYLINDA SERIES Teapot（1967）
FABLIC DESIGN（1950）　　　　　　　　　CYLINDA SERIES Water jag（1967）
アントチェア（1952）　　　　　　　　　　VOLA SERIES（1969）
セブンチェア（1955）　　　　　　　　　　バンカーズ・クロック（1970）
MUNKEGAARD（1955）　　　　　　　　　　LILY（1970）

Other　　　　　　　　　　　　　　　　　　　　　　　その他の作家

ワシリーチェア（1925）　　　　　　　　　LC1 スリングチェア（1928）
キャンティレバーチェア（1927）　　　　　プライウッドラウンジチェア LCM（1946）

参考文献と写真と図版のクレジット

［参考文献］

グンナール・アスプルンド

Peter Blundell Jones "Gunnar Asplund" Phaidon Press 2006
Gustav Holmdahl, Sven Ivar Lind, Kjell Ödeen, Hakon Ahlberg "Gunnar Asplund Architect 1885-1940" Byggforlaget 1981
川島洋一『建築家 グンナール・アスプルンド──癒しのランドスケープ──』松下電工汐留ミュージアム、2006
スチュアート・レーデ（訳：樋口清・武藤章）『アスプルンドの建築──北欧近代建築の黎明』鹿島出版会、1982
川島洋一、吉村行雄『アスプルンドの建築 1885-1940』TOTO出版、2005
『SD 1982年10月号 Erik Gunnar Asplund』鹿島出版会、1982

アルヴァ・アールト

Alvar Aalto foundation and editers "Muuratsalon Koetalo 1952-54 Experimental house, Muuratsalo" Alvar Aalto Museum 2009
Alvar Aalto foundation and editers "Kunnantalo / Town hall Saynatsalo 1949-52" Alvar Aalto Museum 2009
Eric Adlercreutz, Leif Englund, Maija Kairamo "Alvar Aalto Library in Vyborg Saving a Modern Masterpiece" Rakennustieto Publishing 2009
Patricia de Muga, Sandra Dachs, Laura Garcia Hintze "Alvar Aalto Objects and Furniture Design" Ediciones Poligrafa 2007
Ulla Kinnunen "Aino Aalto" Vammala 2004
Michael Trencher（訳：平山達）『建築ガイドブック アルヴァ・アアルト』丸善株式会社、2009
ヨーラン・シルツ（訳：吉崎恵子）『アルヴァー・アールト エッセイとスケッチ』鹿島出版会、2009
エドワード・R・フォード（訳：八木幸二）『巨匠たちのディテール（Vol.2）1928-1988』丸善株式会社、2005
『アルヴァー・アールト 1898-1976 20世紀モダニズムの人間主義』デルファイ研究所、1998
ヨーラン・シルツ（訳：田中雅美・田中智子）『白い机 円熟期──アルヴァ・アアルトの栄光と憂うつ』鹿島出版会、1998
ヨーラン・シルツ（訳：田中雅美・田中智子）『白い机 モダン・タイムス──アルヴァ・アアルトと機能主義の出会い』鹿島出版会、1992
ヨーラン・シルツ（訳：田中雅美・田中智子）『白い机 若い時──アルヴァ・アアルトの青年時代と芸術思想』鹿島出版会、1989
『au 建築と都市 アルヴァ・アアルト作品集』エー・アンド・ユー、1983
カール・フランク（訳：武藤章）『アルヴァ・アアルト作品集第1巻 1922-1962』A.D.A. EDITA Tokyo、1979
エリサ・アアルト、カール・フランク（訳：武藤章）『アルヴァ・アアルト作品集第2巻 1963-1970』A.D.A. EDITA Tokyo、1979
エリサ・アアルト、カール・フランク（訳：武藤章）『アルヴァ・アアルト作品集第3巻 1971-1976』A.D.A. EDITA Tokyo、1979
武藤章『アルヴァ・アアルト（SD選書34）』鹿島出版会、1969

アルネ・ヤコブセン

Sandra Dachs, Patricia De Muga, Laura Garcia Hintze "Arne Jacobsen Objects and Furniture Design" Ediciones Poligrafa 2010
Michael Sheridan "Room 606 The Sas House and the Work of Arne Jacobsen" Phaidon Press 2003
Carsten Thau／Kjeld Vindum "Arne Jacobsen" The Danish Architectural Press 2002
Poul Erik Tojner, Kjeld Vindum "ARNE JACOBSEN / Arkitekt & Designer" DDC 2001
和田菜穂子『アルネ・ヤコブセン──時代を超えた造形美』学芸出版社、2010
島崎信『デンマーク デザインの国──豊かな暮らしを創る人と造形』学芸出版社、2003
島崎信＋生活ミュージアム『美しい椅子──北欧4人の名匠のデザイン』エイ出版社、2003
鈴木敏彦・大塚篤・小川真樹・半田雅俊・村山隆司『北欧の巨匠に学ぶ図法 家具・インテリア・建築のデザイン基礎』彰国社、2012
鈴木敏彦・松下希和・中山繁信『世界で一番美しい建築デザインの教科書』エクスナレッジ、2011
和田菜穂子『北欧モダンハウス 建築家が愛した自邸と別荘』学芸出版社、2012

その他

Peter Dunas, Mathias Schwartz-Clauss, Alexander von Vegesack "100 Masterpieces from the Vitra Design Museum Collection" Vitra Design Museum 1996
伊藤大介『図説 北欧の建築遺産──都市と自然に育まれた文化──』河出書房新社、2010

［図版・写真クレジット］

Alvar Aalto Museum　　p.66〜67（手すりの図面）　p.73（写真）
Danmarks Kunstbibliotek　　p.90〜91（写真）　p.95（図面）　p.103（図面）
Danmarks Nationalbank　　p.34〜37（写真）　p.89（インテリアの写真）

※図版については提供図面をもとに製作している。

あとがき

　本書執筆にあたり、「北欧の建築家が実践したプロダクト、インテリア、建築を横断するトータルデザインに関する研究」として2012年度スカンジナビア・ニッポン ササカワ財団の助成を受けた。

　また、多摩美術大学名誉教授の平山達先生には、アールトとアスプルンドめぐりの極意をご指導いただいた。また、工学院大学名誉教授の南迫先生には、武藤章先生がアールトのスタジオで働いていたころの話を伺った。そして武蔵野美術大学名誉教授の島崎信先生には、北欧デザインの歴史的位置づけや、デンマーク留学でヤコブセンと会ったときの印象を教えていただいた。同時に、写真家の吉村行雄氏からは北欧建築写真の第一人者としての奥深い知見を得た。併せて、東京芸術大学名誉教授の益子義弘会長をはじめとする北欧建築・デザイン協会の理事の先生方には多大なご指導をいただいた。ここに改めて感謝の意を表したい。

　フリッツ・ハンセンの米倉慎二さんには多くの人を紹介していただいた。コペンハーゲンのショールームのKarina Svensgaardさん、デンマーク国立銀行のJan Thorndalさん、ロイヤルホテルのPoul Larsenさんには貴重な話を伺った。セイナッツァロの役場では職員のSeija Rautiainenさん、森の墓地では園丁のTorkelさんに、歴史的な場所で働く人しか知り得ない知見を教えていただいた。オーフスの市庁舎のガイドのElisabeth Foghさん、フィンランド国民年金協会のガイドのPetra Leikasさんにはあらゆる質問に答えていただいた。アスプルンドの夏の家を受け継いだIvar Hagerudさんにも心より感謝したい。図面や写真資料の提供についてデンマーク国立銀行、アールト財団、デンマーク芸術図書館に感謝申し上げる。最後に、前編に引き続き、辛抱強くご尽力いただいた彰国社の鈴木洋美氏に深く感謝の意を表するのみである。

鈴木敏彦・杉原有紀

2013年4月1日

著者プロフィール

鈴木敏彦（すずき・としひこ）

工学院大学建築学科修士課程修了。黒川紀章建築都市設計事務所、フランス新都市開発公社EPAmarne、早稲田大学建築学専攻博士課程を経て、1999-2007 年東北芸術工科大学プロダクトデザイン学科助教授、2007-2010 年首都大学東京システムデザイン学部准教授、2010-2011 年工学院大学工学部建築都市デザイン学科教授。2011 年より工学院大学建築学部建築学科教授。株式会社 ATELIER OPA 共同主宰。北欧建築・デザイン協会副会長、日本フィンランドデザイン協会理事。

杉原有紀（すぎはら・ゆき）

1996 年武蔵野美術大学造形学部映像学科卒業。1998 年武蔵野美術大学大学院造形研究科デザインコース修士課程修了。2001 年東京大学大学院工学系研究科先端学際工学専攻にて博士（学術）。2002 年ポーラ美術振興財団若手芸術家としてパリ滞在。2003-2008 年東北芸術工科大学プロダクトデザイン学科准教授。2008 年 3 月退職、株式会社 ATELIER OPA 代表取締役。

[協力]
石川宗孝（いしかわ・むねたか）
2005 年東北芸術工科大学プロダクトデザイン学科修了。2007 年東北芸術工科大学大学院芸術工学研究科デザイン工学専攻、修士。2007-2018 年より株式会社 ATELIER OPA デザイナー。

北欧の巨匠に学ぶデザイン　アスプルンド／アールト／ヤコブセン
2013年5月10日　第1版　発　行
2022年7月10日　第1版　第4刷

著　者　鈴木敏彦・杉原有紀
発行者　下　出　雅　徳
発行所　株式会社　彰国社

著作権者と
の協定によ
り検印省略

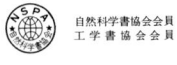

162-0067 東京都新宿区富久町8-21
電話 03-3359-3231(大代表)
振替口座 00160-2-173401

自然科学書協会会員
工学書協会会員

Printed in Japan

©鈴木敏彦・杉原有紀　2013年

印刷：壮光舎印刷　製本：ブロケード

ISBN978-4-395-02306-6　C 3052　https://www.shokokusha.co.jp

本書の内容の一部あるいは全部を、無断で複写(コピー)、複製、および磁気または光記録媒体等への入力を禁止します。許諾については小社あてご照会ください。